Chris Stonberg

Papa, erzähl mir bitte sofort eine … Geschichte

Gewidmet für meine wunderbare Frau
Marciane und für meine lieben Kinder

Einführung

Wenn ich mit meinen Kindern einen langen Spaziergang unternehme, finden sie dies oft spannend und manchmal auch nicht.

Wir gehen an manchen Wochenenden kurz in die Innenstadt, durch die schöne und sehenswerte Natur oder besuchen viele interessante Orte und Sehenswürdigkeiten. Ich vermeide dabei oft das Auto oder andere Verkehrsmittel und setze lieber darauf, dass meine Kinder viel zu Fuß gehen und was von ihrer Umwelt mitbekommen. Nebenbei verbessert sich dadurch ihre körperliche Ausdauer und der nachträgliche Besuch, auf einem Spielplatz, ist eine kleine Belohnung, für den langen Weg. Natürlich wird zum Schluss auch mit dem Bus gefahren, wenn meine Kinder zu müde, für den Rückweg sind.

Es kommt aber auch vor, dass der Kleinsten der Spaziergang zu lange oder langweilig vorkommt.

Für genau diesen Moment hatte ich plötzlich die Idee, eine Geschichte zu erzählen, damit diese Langeweile verschwindet. Seitdem kam immer öfter der Satz: „Papa, erzähl mir bitte sofort eine … Geschichte". Das"…" steht für, z.B. eine lustige, spannende, … Geschichte. Meinen Kindern haben diese, von mir erdachten Stories, immer gut gefallen. Da der Geschmack aber unterschiedlich ist, möchte ich „Sie" liebe Eltern bitten, vorher diese Geschichten zu lesen, ob sie „ihre" Kinder auch hören sollen. Ich übernehme nämlich keine Verantwortung dafür, wenn, z.B.

manche Kinder bei den Stories, plötzlich nicht schlafen können, weil die Geschichten zu spannend waren. Es gibt auch immer ein Fazit, damit die Kinder was daraus lernen. Wie erwähnt, sind diese Geschichten alle in meinem Kopf entstanden und Ähnlichkeiten zu anderen bekannten Geschichten oder echten Personen, sind reiner Zufall und keine Absicht. Manche Begriffe, die hier die Kinder nennen, sind keine beleidigenden Ansichten von mir. Kinder sagen in manchen Situationen unpassende Dinge, dafür sind sie Kinder. Niemand ist perfekt und wir Erwachsenen ebenfalls nicht. Ich wünsche euch, liebe Kinder und Eltern viel Spaß beim Lesen und beim Diskutieren der offenen Fragen.

Bibliografische Information der Deutschen Nationalbibliothek: Die Deutsche Nationalbibliothek verzeichnet diese Publikation in der Deutschen Nationalbibliografie; detaillierte bibliografische Daten sind im Internet über dnb.dnb.de abrufbar.

Verlag: BoD · Books on Demand GmbH, In de Tarpen 42, 22848 Norderstedt

Druck: Libri Plureos GmbH, Friedensallee 273, 22763 Hamburg"

ISBN: 978-3-7597-8406-3

Inhaltsverzeichnis

Der neue Freund

Lisa Neumann war bereits 9 Jahre, als sie diesen Jungen das erste Mal in dem täglichen Schulbus sah. Er hatte lockiges, langes und blondes Haar und sah, wie ein Mädchen aus. Lisa hoffte, dass dies nicht der neue Schüler war, den Frau Risser gestern kurz vor Schulschluss erwähnt hatte. Andere Kinder im vollen Bus, witzelten bereits über den komischen Jungen oder schnitten ihm lustige Grimassen. Ansonsten ließen ihn, die meisten Kinder aber in Ruhe und ignorierten ihn. Lisa stand weit hinten im Bus und konnte ihn nur vom Weiten sehen, aber in Wahrheit hätte sie ihn wahrscheinlich auch ignoriert.

Um 7:45 Uhr kam der Bus an der „Friedrich-Glöckner-Grundschule" an und Lisa wurde schon von ihren Freundinnen, Katja und Susanne, mit einer großen Umarmung begrüßt. Die Eltern der beiden Mädchen, müssen sehr früh zur Arbeit und bringen deshalb ihre Kinder immer, mit dem Automobil, früher zur Schule. „Hallo ihr Lieben, musstet ihr wieder 45 Minuten auf mich warten?", fragte Lisa.
Katja antwortete: „ Natürlich, wie immer, aber wir vertreiben uns schon meistens die Zeit, bis du kommst. Aber sieh mal, wer ist denn dieses komische Mädchen oder ist das ein Junge, der gerade aus dem Schulbus steigt?" Lisa erklärte ihr, dass dies ein Junge sei, aber man sieht es nur an der Hose. Denn die Marke „Cool", ist nur für „coole Jungs", so lautet doch die Werbung immer."
Susanne und Katja zuckten mit den Schultern und nahmen dabei ihre Freundin Lisa, in die Mitte und gingen langsam in die Schule rein. Natürlich unterhielten sich alle Drei über die neusten Stars und die neuste Mode, die sie aus dem

Fernsehen, der eigenen Eltern, kannten. Der neue unbekannte Schüler, folgte ihnen mit großem Abstand, wurde aber von den drei Freundinnen nicht weiter beachtet, die in ihrem spannenden, Gespräch vertieft waren. Er musste aber feststellen, dass andere Kinder ihn sahen und über ihn lachten.

Er störte sich nicht daran, denn er kannte selbst aus amerikanischen Filmen, dass oft der Neue immer an dem ersten Schultag, an einer neuen Schule, Probleme hatte und noch keine Freunde fand.

Im 2. Stockwerk angekommen gingen Lisa und ihre Freundinnen kichernd, in die Richtung des Klassenraumes der Klasse 4b. Vor einer Woche hatten sie das neue Zimmer gezeigt bekommen, wo sie nun noch 1 Jahr Schule hatten, bis alle Schüler auf ein Gymnasium, der Realschule oder anderen Schulen gingen.

Nun tauchte, neben dem ankommenden Lehrer Herr Meier, auch der komische, langhaarige Junge ,aus dem Schulbus auf. Er begleitete den alten Mann, weil er den neuen Klassenraum nicht kannte, sondern nur in welcher Etage, er sich befinden sollte. Während der Lehrkörper die Tür aufschloss, traute sich niemand den neuen Schüler zu ärgern, weil es bei Ungerechtigkeiten immer sofort Nachsitzen bei Herrn Meier gab. Er war streng, aber die Eltern der Kinder nannten in seinem Beisein immer, er sei zwar „Streng, aber gerecht."

Alle Schüler rannten lärmend in die neue Klasse und die Jungen versuchten die hübschen Mädchen zu beeindrucken, wie stark sie sind, indem sie Armdrücken, auf den Tischen spielten oder manchen Zopfträgern, in die Haare zogen und „Zopfmädchen" nannten. Die Mädchen fanden dieses Verhalten eher peinlich und rollten mit den Augen, was die Jungen nicht verstanden. Der Lehrer stellte in Ruhe seine Tasche neben den Tisch und setzte sich auf seinen Stuhl. In Ruhe holte er, das grüne Klassenbuch aus der Schublade und klopfte dreimal, mit seiner Handfläche auf dem Tisch. Das knallte immer, wie ein schweres Gewitter, weil Herr Meier, durch sein Übergewicht, besonders große und starke Hände hatte. Alle Kinder waren sofort ruhig und setzten sich auf ihren Plätzen, nur der neue Junge nicht.

Maik fragte den Lehrer durch Melden: „Herr Meier wollen sie uns etwa nicht, den „Urwald-Tarzan" vorstellen?" Alle Kinder lachten und sahen, dass der Neue plötzlich ganz rot im Gesicht wurde. Herr Meier wartete kurz und als das Lachen nicht aufhörte, knallte er wieder mit seiner Handfläche auf die Tischplatte. Die Antwort des Lehrers folgte sofort danach: „ Maik, ich glaube du kannst deinen Eltern in der Pause per Handy erklären, warum sie eine Stunde mit dem Essen, auf dich warten dürfen. Du kannst nämlich 4 Seiten aus dem Biologiebuch abschreiben und ich werde jedes Wort nachkontrollieren, damit du auch nicht schummelst. Das ist dieser Witz dir doch wert gewesen, oder?" Maik war sofort blass und die anderen Kinder schwiegen.

„Nun", sagte der Klassenlehrer endlich nach kurzer Pause „Darf ich euch euren neuen Mitschüler Scott Sheffield vorstellen? Er lebt seit 3 Jahren in Deutschland und ist ein gebürtiger Waliser. Ich hoffe ihr empfangt ihn besser, als Maik es getan hat." Die Klasse war plötzlich sehr still.
„Der Junge mit den langen Haaren, soll einen so coolen, modernen Namen haben?", fragte sich

Lisa. Außerdem war sie nun neugierig, was ein Waliser sei. Sie hatte das Land noch nie gehört. Sie sah nur, wie Scott sich schüchtern an den freien Nebentisch, neben ihrer Freundin Katja schlich. Der Unterricht verlief dann ganz normal, bis zur ersten Pause. Alle Kinder jubelten und liefen auf den Schulhof und spielten. Scott ging auch nach draußen und stellte sich in die Ecke, der Außenwand, der Schule und beobachtete die spielenden Schüler.

Plötzlich kamen zwei Jungen aus der 3. Klasse angelaufen und stellten sich direkt vor Scott. Sie verrenkten sich und machten Affenlaute nach und riefen: „ Hey Leute, wer besucht uns aus dem Dschungel? Ob er sprechen kann?" Lisa kam wie ein Blitz angestürmt und rempelte einen, der beiden Jungen an. „Los verschwindet ihr Babys und lasst meinen Kumpel in Ruhe. Sonst bleibt es nicht bei dem Schubs.", rief Lisa voller Wut. Viele Kinder schauten sie plötzlich an und staunten. Besonders Scott und ihre Freundinnen waren geschockt, als sie zu ihrer wütenden Freundin liefen.
Die beiden Jungen liefen weg und hatten Angst. Herr Meier, der die Pausenaufsicht hatte ging zu Scott hin und fragte: „ Alles in Ordnung? Hast du dich schon bei Lisa für die mutige Tat bedankt?"
Scott murmelte ein „Danke sehr" und Lisa fragte verblüfft: „Bekomme ich keinen Ärger, dafür?"
Herr Meier, der für Gerechtigkeit bekannt war, erwiderte nur: „Warum soll ich eine gute Tat bestrafen? Du hast unseren neuen Mitschüler, doch nur, vor zwei Idioten beschützt. Das gibt einen tollen Pluspunkt im Klassenbuch, für dich. Genießt nun die Pause und lernt euch kennen. Vielleicht werdet ihr noch gute Freunde?"
Als Herr Meier ging, starrten Susanne und Katja ihre Freundin Lisa an: „Seid ihr jetzt Freunde?"

Jetzt war Lisa die Situation peinlich und sagte: „Natürlich nicht ihr Gänse, seid ihr doof?". Zu dem sprachlosen Scott sagte sie: „ Bild dir nix darauf ein. Ich wollte nur Pluspunkte bei Herrn Meier sammeln. Wir beide sind keine Freunde, kapiert?" Scott schaute traurig zu Boden und nickte. Dann gingen die drei Mädchen weg und unterhielten sich. Scott war den Rest der Pause alleine.

In der nächsten Stunde in Englisch taute Scott wieder auf und zeigte, Miss Heller was er konnte. Miss Heller war begeistert: „ Sogar mit perfekten Akzent von Großbritannien, wonderful."

Lisa war plötzlich in Gedanken und dachte über Scott nach: „ Der Junge sieht zwar aus, wie eine Vogelscheuche, aber er ist schlau und cool. Aber mit 9 Jahren einen Jungen als Freund? Das geht doch nicht. Alle würden denken wir sind verliebt. Dabei sehe ich ihn als Freund, wie Susanne und Katja. Verdammt, warum ist das als Kind alles so schwierig?" Plötzlich wird Lisa, von Miss Heller aus ihren Gedanken gerissen: „Lisa?" „Please?", sagte Lisa automatisch. Scott sagte darauf: „Ok, i will get you this thing." "Wonderful, gutes Team seid ihr Beide. Nur weiter so.", freute sich Miss Heller. „Verdammt, jetzt hat mir der Idiot auch noch in Englisch geholfen. Jetzt bekomme ich immer mehr ein schlechtes Gewissen, ihn so gemein behandelt zu haben.", dachte Lisa sich.

In der zweiten Pause ging Lisa, auf den allein stehenden Scott zu und sagte: „Vielen Dank für deine Hilfe in Englisch. Warum hast du mir geholfen?" Scott meinte darauf: „Warum hast du mir, bei den beiden fremden Jungen geholfen? Wirklich nur wegen Pluspunkte?" Lisa wollte nun ehrlich sein: „Nein, ich fand dich erst doof, wegen deiner Haare. Dann aber hörte ich deinen coolen Namen und war neugierig was ein Waliser ist.

Außerdem mag ich es nicht, wenn man geärgert wird." Scott lächelte und fragte: „ Möchtest du wissen, was ein Waliser ist?" . Lisa nickte. „Nun wir Waliser sind ein eigenes Volk und unser Land heißt Wales. Wir vereinen uns mit den anderen Ländern auf der Insel, zu „Großbritannien", was du wahrscheinlich eher kennst. Wales liegt im Westen der Insel. Ihr sagt auch oft England, aber das ist nur ein kleiner Teil von Großbritannien. Wales hat viele schöne Burgen." Er zeigte ein paar Bilder auf seinem Smartphone. Lisa war total begeistert.

Susanne und Katja kamen direkt auf die beiden Kinder zu, nachdem sie so lange auf der Schultoilette, über irgendwelche Themen gesprochen hatten. „Na, hast du doch einen neuen Freund gefunden? Thor persönlich etwa?", hetzte Katja plötzlich. Lisa war sauer über das Verhalten ihrer Freundin und sagte: „Ja, hast du was dagegen? Scott ist nämlich cool und weiß mehr als du." Wieder war der Junge aus Wales verwirrt. Katja und Susanne ebenfalls, die in das böse Gesicht von Lisa schauten. Schweigend gingen die beiden Mädchen weg und ließen Lisa und Scott alleine. „Sind wir jetzt doch Freunde oder ist das wieder ein Trick?", fragte Scott. Lisa reichte ihm die Hand „Freunde?". Er grinste und gab ihr auch die Hand. „Freunde", antwortete er.

Am nächsten Tag sah Lisa, Scott wieder im Bus und drängte sich, zwischen den anderen Kindern, zu ihm durch. Wieder lästerten einige Kinder über den langhaarigen Jungen. Ein Mädchen witzelte: „Na hat deine Freundin etwa die Sachen ihres Bruders an?". Lisa reichte es nun und gab dem unfreundlichen Mädchen eine Backpfeife. Das Mädchen wurde rot und ein Junge drängte sich durch: „ Warum schlägst du meine Schwester?", brüllte er zornig. Er war einen Kopf größer, als Lisa und hob seine Hand. Bevor die Hand in die Nähe von Lisas Gesicht kam, ergriff blitzschnell Scotts Hand, den Arm des Jungen und hielt ihn bombenfest. Scotts Blick ging tief in die Augen des wütenden Jungen. „Wir wollen doch keine Mädchen schlagen, oder?", brüllte plötzlich Scott durch den vollen Bus. Bevor der Junge antworten konnte, kam von Vorne ein Rufen: „Hey, keine Schlägerei im Bus, sonst könnt ihr aussteigen und zu Fuß zur Schule gehen." Der Busfahrer hatte natürlich das letzte Wort und alle Kinder beruhigten sich wieder.

Scott sagte freundlich zu Lisa: „Hab ich dir schon erzählt, dass ich auch im Karate-Verein bin? Nun konnte ich dich sogar beschützen, wie es echte Freunde tun." Lisa war erstaunt, denn der Junge konnte wahrscheinlich Alles.

Die Fahrt verlief ruhig und auch im Unterricht war alles toll. Susanne und Katja mieden die Beiden den ganzen Tag, aber das war Lisa egal.

Nachdem die Schule vorbei war, zog Lisa ihren Freund Scott am Arm. „Freunde dürfen sich doch Alles fragen, oder nicht?" Bevor Scott antworten konnte, fragte sie: „Warum hast du eigentlich lange Haare?" Scott schaute kurz zu Boden und antwortete: „ Meine Mutter ist ein Fan der 70 –er Jahre und meint, dass auch Jungen langes Haar tragen müssen. Ich würde gerne zum Friseur, aber meine Mutter wäre bestimmt enttäuscht von mir. Ich habe es ihr nie gesagt, dass ich gerne kurzes Haar tragen möchte. Ich traue mich nicht."

Sie gingen zur Bushaltestelle und Lisa hatte eine Idee. „Scott, ich möchte dir gerne helfen und deswegen bringe ich dich heute nach Hause. Ich sage eben meinen Eltern per Handy Bescheid, dass ich später heimkomme." Scott schwieg und wusste nicht, was er sagen sollte. Einerseits war er überrascht, wie man ihm denn helfen könnte, andererseits wusste er nicht, wie seine Mutter reagiert, wenn jemand Fremdes, ohne Nachfrage einfach mitkommt.

Lisa und Scott stiegen an der „Hamselstrasse" aus und sie lachte plötzlich los: „ Du wohnst ja nur eine Haltestelle weiter als ich. Da kann ich gleich zu Fuß nach Hause gehen. Nun sag doch auch mal was. Du siehst ja aus, wie ein richtiges Gespenst." Scott sagte: „Ich bringe zum ersten Mal ein anderes Kind mit zu mir. Da weiß ich nicht, wie meine Mutter reagiert. Deswegen bin ich so unruhig." „Wenn sie dir den Kopf abreißen sollte, dann trägst du ihn morgen einfach unter dem Arm.", stupste sie ihren ängstlichen Freund an. „Wenn sie mir aber stattdessen die Beine langzieht, dann bekomme ich beim Hochsprung, vielleicht sogar eine „1" als Note", antwortete Scott ein wenig lockerer. „ So Hausnummer 18, jetzt wird es spannend." Scott schloss die Haustür auf und die arme Lisa, musste danach noch 5 Etagen hochgehen. Das alte Haus hatte natürlich keinen Aufzug.

Die Mutter war zuhause und stand in der Küche, als sie staunend die beiden Kinder vor ihr stehen sah. „Scott, du hättest mir doch sagen können, wenn du ein Mädchen mit zum Essen nach Hause bringst. Jetzt habe ich nur für dich und mich gekocht. Na nicht schlimm, esse ich halt ein Salamibrot." Lisa wollte gerade erklären, dass sie gar kein Essen wollte. Die komische Frau mit langen, lockigen Haaren und sehr farbenfrohen Klamotten, schien Gedanken lesen zu können und redete einfach weiter: „Nein sagen gilt nicht und beleidigt meine Gastfreundschaft, also zieht die Jacken aus und dann hopp zum Tisch. Scott zeigt dir Alles. Wie heißt du eigentlich?" „Lisa", antwortete Lisa und folgte Scott ins Esszimmer.

Gerade hingesetzt, kam Scotts Mutter schon mit Teller und Besteck angelaufen. Nur Sekunden später folgte ein riesiger Topf mit „Erbsensuppe". „Ein Rezept meiner lieben alten Mutter. Ich heiße „Bärbel" und freue mich sehr, dass Scott endlich Freunde gefunden hat. Deine schönen blonden Haare könnten doch noch, ein paar bunte Farben gebrauchen, Mädchen. Meinst du grün und rot würden dir gefallen, Lisa?" Die Mutter mit dem Namen Bärbel schien sehr offen und locker zu sein. Ganz anders, als Lisas Mutter, fiel dem jungen Mädchen auf. „Nein, danke mir gefallen meine Haare ganz gut ohne Farbe. Ich würde aber gerne noch über Haare sprechen, Frau Sheffield.", meinte Lisa. „Na, Bärbel reicht völlig. Ich bin doch erst 33 Jahre und keine alte Frau, Kindchen. Also sprechen wir über Haare, aber bitte fangt nun endlich an zu essen." Bärbel biss genüsslich in ihre Salamibrot und freute sich, dass den beiden Kindern die Erbsensuppe zu schmecken schien.

Lisa fasste allen Mut zusammen und sagte dann: „Bärbel, ich kenne Scott noch nicht so lange, aber ich glaube, er hat eine große Freude an Experimenten und mutigen Veränderungen. Ich vermute das liegt an der offenen Art seiner Mama, also von dir. Habe ich Recht?" Scotts Mutter lächelte: „ Nun ja, ich habe immer viel im Leben ausprobiert, da ich die 70-er Jahre sehr mag, auch wenn ich sie leider nie erlebt habe. Ich habe mein Wissen, nur von meiner eigenen Mutter. Trotzdem bin ich sehr experimentier-freudig, was du an meinen tollen Haaren und Kleidungsstil sehen kannst." Lisa ging einen Schritt weiter und kniff ein Auge Richtung Scott zu, der wie versteinert auf seinem Stuhl saß. „Bisher hatte Scott aber noch nicht viel verändert in seinem Leben oder?", fragte Lisa. „Lisa, du kennst meinen Sohn aber schon sehr gut. Nein, leider nicht. Ich musste ihn bisher immer in verschiedene Richtungen lenken. Von selbst kam er mit keinen Ideen, um wie ich aufzufallen und sich von der langweiligen Gesellschaft abzuheben. Nun sprich endlich Klartext Lisa, worauf willst du hinaus? Was soll denn das Experiment sein, was Scott so gerne ausprobieren möchte? Ich bin bei allen Ideen dabei.", sagte Bärbel.

Lisa wollte gerade ansetzen, da sprang Scott vom Stuhl auf, mit Tränen in den Augen und rief in den Raum: „ Mama ich möchte meine Haare kurz schneiden, wie es die anderen Jungen in meiner Klasse auch haben. Ich wünsche es mir so sehr, so sehr.." Weiter kam er nicht und fing an zu weinen und schlug seine Handflächen vor seinem traurigen Gesicht. Bärbel beobachtete das Geschehen und Lisa war die Situation sehr peinlich. Die Mutter ging zu ihrem Jungen und nahm ihn in ihre langen Arme. „Aber, aber warum so traurig. Ich dachte dir gefallen die Haare so lang. Das fällt auf und macht dich doch zu einem be-sonderen Jungen." „Ja und wie ich überall auffalle. Ich werde seit Jahren nur geärgert. Erst in Wales und nun auch in Deutschland. Ich finde keine Freunde und niemand spielt mit mir." Die Mutter war nicht so flexibel, wie sie tat, denn sie kämpfte mit ihren Gedanken und Lisa sah, welche Argumente Bärbel überlegte, warum Scott doch seine langen Haare behalten sollte. Lisa half ihren Freund und sagte: „Es ist doch nur ein Experiment. Wenn es Scott nicht gefällt, dann lässt er, die schönen Haare, einfach wieder länger wachsen. Er soll doch mutig sein und jetzt sollte man diese mutige Tat auch unterstützen, Bärbel." Das Gesicht der Frau wurde weicher: „Nun gut, Scott. Du sollst deinen Willen haben und darfst dir auch die Frisur aussuchen. Los Kinder aufessen und dann gehen wir direkt los.

Lisa darf Scotts Beraterin spielen." Beide Kinder riefen „Hurra".

Der Friseur war nur 10 Minuten zu Fuß entfernt und Scott freute sich, als wäre Weihnachten. Lisa und Scott durften sich, auf Nachfrage, den bunten Katalog mit den verschiedenen Haarfrisuren ansehen. Sie tuschelten und schickten die Mutter spazieren. Der Friseur sagte: „Gehen sie nur, in 15 Minuten bin ich fertig. Lassen sie die Kinder, ihre kleinen Geheimnisse haben. Ich passe auf die beiden Racker auf." Bärbel nickte und ging schweren Herzens die Straße entlang. „Nun, was für eine Frisur soll es denn sein?", lächelte der ältere Mann.

Als die Mutter pünktlich in den modernen Friseurladen eintrat, war sie sehr geschockt. Sie wollte gerade sagen: „Da ist das Experiment wohl aus dem Ruder gelaufen." Stattdessen sagte sie: „Na, da warst du aber wirklich mutig, mein Sohn." Lisa war nicht dumm und merkte es Bärbel an, dass ihr das veränderte Aussehen an Scott, zu schaffen machte. „Scott ist halt seiner Zeit voraus und ich finde es klasse, wenn er den mutigen Schritt wagt, den sich andere Kinder gar nicht trauen.", sagte Lisa. Scott zeigte voller Stolz seine Igelfrisur und auch das einrasierte „S" auf dem Hinterkopf. „Schau Mama, „S" für „Scott" eine coole Idee oder?" Bärbel konnte den Anblick ihres glücklichen Jungen nicht widerstehen und sagte schließlich: „ Ja, mein Lieber, das sieht wirklich total cool aus." Sie bezahlte die Frisur und gab beiden Kindern, noch ein Eis um die Ecke aus, bis Lisa später als gedacht, sich auf den Nachhauseweg machte und „Tschüss, bis morgen." rief.

Am nächsten Tag, stieg Lisa in den Bus ein und sah die plötzliche Veränderung der anderen

Kinder. Keine Lästereien mehr, in Richtung Scott, sondern eher ein positives Staunen und großes Interesse. Lisa hörte nur sporadisch aus der Ferne zu. „Boah, du hast aber eine coole Mutter, dass sie dir das erlaubt hat." „Coole Haare, ich will das auch haben." So ging das die ganze Zeit, als sich Lisa langsam in die Nähe von Scott drängte. Plötzlich sah ein Mädchen ihr direkt in die Augen, die ganz nah vor ihr stand. Es war das Mädchen, was die Backpfeife bekam. „Ich möchte mich bei dir, für mein doofes Verhalten entschuldigen. Ich war respektlos gegenüber deinem Freund", sagte sie plötzlich. Sie reichte Lisa die Hand und Lisa gab sie ihr und sagte: „Auch ich möchte mich, für meinen Schlag gestern, entschuldigen." Beide nickten dazu und mussten auch schon eine Minute später wieder aussteigen.

Scott rannte sofort zu seiner Freundin Lisa und umarmte sie freudig: „Vielen lieben Dank für deine wunderbare Hilfe. Noch nie war ich so glücklich, zur Schule zu gehen. Alle sind mega nett zu mir, Lisa. Du bist die beste Freundin, die ich habe." Lisa wollte eigentlich sagen, dass es keine Kunst sei, denn sie sei die einzige Freundin, aber sie wollte nicht so gemein sein. Sie freute sich für Scott und Beide gingen zusammen zum Klassenraum.
An der Tür staunten die anderen Mitschüler nicht schlecht und den ganzen Tag war Scott der Held des Tages. „Wie schnell sich Menschen ändern können", dachte sich Lisa, „gestern noch gemein und heute ist Alles vergessen."
Bei Schulschluss haben sich plötzlich auch Katja und Susanne, bei Lisa und Scott, entschuldigt und erneuerten ihre Mädchenfreundschaft.

Trotzdem hat sich seitdem in dem Schuljahr was verändert. Wenn Scott bei den Jungen spielen sollte, machte er nur mit, wenn Lisa mitspielen durfte. Umgekehrt war es auch, wenn sich die Mädchen trafen. Nach einigen Monaten folgten Sprüche, wie „Ei ei ei, wer ist denn da? Ein verliebtes Ehepaar." Lisa und Scott war es völlig egal, weil sie wussten die anderen Kinder waren nur neidisch. Während die Mädels nämlich über Mode und Stars lästerten, gab Scott seiner Freundin Lisa, Nachhilfe in Englisch und brachte ihr auch Spanisch bei, was sein Vater ihm früh beigebracht hatte. Bis zum Ende des Schuljahres sorgte er dann dafür, dass seine Freundin Lisa überall eine „1" oder „2" ,auf ihrem Schulzeugnis sah. „Hurra, ich darf auf das Gymnasium gehen", rief Lisa durch den Flur am letzten Schultag. Sie nahm Scott in die Arme und sagte: „Du bist der beste Freund, den ich habe." Scott erwiderte es auch, denn ohne sie, hätte er nie kurze Haare und in kurzer Zeit so viele Freunde gefunden. „Sehen wir uns auch in den Ferien?", fragte Lisa. „Wenn meine Mutter nicht plötzlich Heimweh bekommt, vielleicht?", sagte er und fing an zu grinsen. „Doofmann", sagte Lisa und knuffte ihn am Arm.

ENDE

Fazit

Als neuer Schüler in einer fremden Schule hat man es, auch im realen Leben schwer, schnell neue Freunde zu finden. Immerhin kommt Scott in eine 4. Klasse, wo sich bereits Freundschaften gefunden haben. Er ist also erst mal ein Außenseiter. Nun ist die Geschichte so gemein, dass dieser Junge auch noch „komisch" aussieht. Man liest „komischer" Junge und denkt gleich negativ über ihn, oder? Dabei hat er noch mit niemanden gesprochen. Er hat einfach nur lange Haare, die ganz selten, von Jungen getragen werden. Lisa mag ihn zuerst auch nicht und macht sich auch über ihn lustig. Scott hat aber Glück, dass Lisa neugierig ist, was ein „Waliser" ist. Endlich gibt sie ihm eine Chance, zu beweisen, dass er ein normaler Junge ist, der zwar auch intelligent ist, aber eigentlich nur Freunde sucht und in der Schule lernen will. Lisa merkt auch, dass er von Beginn an, ehrlich zu ihr ist und sich so zeigt, wie er wirklich ist. Lisa ist aber skeptisch, weil sie denkt, wenn Mädchen mit Jungen, in der 4. Klasse befreundet seien, heißt es dasselbe wie verliebt sein. Das ist aber völliger Blödsinn und Lisa braucht die Zeit, bis sie versteht, dass es auch Mädchen-Jungen-Freundschaften geben kann.

Fragen zum Diskutieren:

Wie hättest du bei einem Jungen in deiner Klasse reagiert, der wie Scott gewesen wäre?

Warum urteilen die Kinder so schnell, über einen fremden Jungen, den sie gar nicht kennen?

Können auch Erwachsene falsch urteilen? Hast du Beispiele?

Was wäre gewesen, wenn Scott seine Haare nicht geschnitten hätte? Wie wäre die Geschichte wohl weitergegangen?

Der schlaue Michael (Teil I)

Michael war 8 Jahre und als intelligenter Junge, schon in der 5. Klasse. Seine Eltern, beide Lehrer haben ihn schon früh zuhause unterrichtet, als andere Kinder gerade anfingen, mit Puppen und Autos zu spielen. Da in dem Gymnasium kein Platz mehr war, bekam er nur einen Platz in der weit entfernten Gesamtschule Estrakas. Dort war er nicht immer sehr beliebt, besonders bei den Kindern mit Migrationshintergrund nicht. Sie mochten es nicht, wenn jemand immer Alles wusste und nett zu dem Lehrer war.

Irgendwann kam Sancho zu ihm hin und sagte zu ihm: „Eh Brille, ich hab ein Auge auf dich. Du bist zu nett zu den Lehrern. Das gefällt mir nicht. Die Lehrer sind unsere Feinde, kapiert?" Michael erwiderte: „Ich habe zwar eine große Brille auf der Nase, aber ich heiße Michael. Außerdem geben uns die Lehrer gute Noten und sie helfen uns. Warum sollten sie unsere Feinde sein?"

Sancho kam näher zu ihm und sagte: „Alter, die Brille checkt es nicht. Die Lehrer sehen Alles. Jeden Mist, den wir machen und was tun sie dann? Sie flüstern es sofort unseren Eltern und was meinst du, was ich mir dort immer anhören konnte? Deswegen sind die Lehrer, auch unsere Feinde." Fatma kam vorbei und sagte zu Sancho: „Na, dann bau halt keinen Mist und schon sind deine Eltern friedlich. Die Pauker wollen uns doch wirklich nur schlauer machen und uns helfen."

Sancho wurde nun sauer: „Ich sage euch, wie die Lehrer mir helfen. Die Mathearbeit werde ich bestimmt nicht schaffen und die Hilfe der Lehrer wird eine „5" geben, mindestens. Meine Eltern freuen sich schon mir Stubenarrest zu geben. Tolle Hilfe, echt." Michael geht nun auf Sancho freundlich zu und fragt: „Nun sag schon, wo sind deine Schwierigkeiten in Geometrie?" Sancho wurde trauriger und die coole Art verschwand. „Ich check die Formeln einfach nicht. Ich kann mir nix merken." „Vorschlag, ich erkläre dir kurz ein paar Tricks zum besseren Merken und wenn du besser als „5" schreibst, kriege ich 10 € von dir.", sagte Michal. Fatma stand daneben und fragte: „Kann ich da auch mitmachen?" Michael überlegte und sagte: „Klar, aber auch für dich sind das 10 €, wenn du besser schreibst, als in der letzten Klausur. Also dann nachher 15 Uhr im „Cafe Klara" treffen wir uns. Ist das okay?" Beide nickten. Fatma merkte, dass sie immer noch die drei einzigen Schüler in der Klasse waren, Die anderen Kinder, kamen sehr spät aus der Pause zurück. Fatma machte während des Unterrichts, heimlich Werbung für das Treffen um 15 Uhr, mit dem Handy über die Klassengruppe. Michael bekam davon nichts mit, weil er gar kein Handy besaß. Seine Eltern meinten, es lenke Kinder zu sehr von den wichtigen Dingen ab.

Um 13:30 Uhr war die Schule zu Ende. Michael ging nach Hause und bereitete ein paar Sachen vor. Als er dann um 15 Uhr im „Cafe Klara" reinging, saß die halbe Klasse dort und wartete auf den schlauen Michael.

Er fing sofort an und legte ein DIN A4-Blatt auf den Tisch und sagte dann: „Schaut, das ist mein Kinderzimmer und ich möchte wissen, wie viel Platz habe ich für Partygäste. Ich benötige also den Flächeninhalt des Zimmers. Eine Zimmerseite ist „a" und die andere Seite nenne ich „b". Sancho sagt: „ Alles verstanden." Michael sagte: „Wenn wir jetzt immer „Flächeninhalt" schreiben, schaffen wir nicht alle Klausuraufgaben. Also ist der „Flächeninhalt" der Buchstabe bei uns „F" oder unser Lehrer nimmt „A". Fatma schaut auf das DIN A4-Blatt und das dicke „A" in der Mitte. Michael erklärte: „Nun rechnen wir F = a * b und schon haben wir den Flächeninhalt." Sancho sagte: „Gecheckt, aber was mache ich bei einem Dreieck mit rechten Winkel?" Michael holte eine Schere aus seiner Schultasche und schnitt das Rechteck diagonal auseinander. „Was haben wir nun?" Fatma murmelte: „Du hast es jetzt in zwei Hälften geschnitten und somit kaputt gemacht." Michael zeigte nun auf Sancho:" Ich habe ein halbes Zimmer und wie lautet nun die Formel vom Flächeninhalt." „Alter woher so ich das denn wissen. Erklär du es mir Brille, der meine Kohle kassieren will. Bestimmt nicht: F = ½ * a * b. So einfach kann es nicht sein, also mach mich nicht vor der Klasse zum Opfer." Michael grinste und sagte: „Doch, so einfach ist es und Glückwunsch zu der richtigen Formel. Unser Lehrer wird hier wahrscheinlich, nur ganz andere Buchstaben verwenden. Lasst euch also nicht verwirren, denn die Formel und das Ausrechnen bleiben gleich." Sancho bekam danach einen Applaus von seinen Mitschülern und so ging es dann 3 Stunden lang weiter.

Die Mathearbeit in einer Woche fiel der halben Klasse leichter, als gedacht, denn sie hatten die Tricks von Michael noch im Kopf.

Eine Woche später hatten, genau diese Schüler sich exakt, um eine Note oder sogar zwei Noten verbessert. Wie versprochen bekam Michael von ihnen zum Schulschluss, je 10 €. Michael hatte somit 150 € für die Nachhilfe verdient.

ENDE

Fazit

Hier lernen wir wieder einen intelligenten Jungen kennen. Hier heißt er Michael und hatte das Pech, nicht auf ein Gymnasium gehen zu können. Diese Geschichte unterstellt, dass Kinder auf einer Gesamtschule nicht so intelligent seien, wie dort. Dabei kann man auch auf einer Gesamtschule Abitur machen, wie auf einem Gymnasium. Wo liegt dann der Unterschied? Nach meiner Erfahrung wird den Kindern auf der Gesamtschule dasselbe Wissen ein bisschen einfacher erklärt und es gibt auch Stunden mit Hausaufgabenhilfe. Auf dem Gymnasium sollen das die Kinder meistens selbst hinbekommen, nachdem der Lehrer das Thema den Schülern erklärt hat. Hier gibt Michael einem Teil der Klasse Nachhilfe, aber gegen Geld, wenn sie ihre Schulnote verbessert haben. Außerdem merkt man schnell, dass dadurch Michael plötzlich nicht mehr der Außenseiter ist.

Fragen zum Diskutieren:

Welche Schule würdest du wählen, wenn man dich fragt? Begründet eure Entscheidung.

Ist es richtig Geld zu verlangen, wenn man Personen hilft? Nenne Beispiele.

Welche Kinder in deiner Klasse sind anders, als die meisten Kinder? Was macht sie anders?

Haben diese Kinder ein besonderes Talent?

Sind diese Kinder deine Freunde? Begründe.

Sina und die Sportspiele (Part I)

Es war ein großer Schock für Sina, als ihre Sportlehrerin Frau Raser, die große Neuigkeit für die junge tolle Klasse 5b, der Realschule Maser, präsentierte. Die Klasse jubelte und freute sich, über die tolle Überraschung, dass in 10 Monaten die berühmten Sportspiele stattfinden werden. Sie messen sich dabei in mehreren Disziplinen und treten gegen die Nachbarschule, dem Gymnasium Herzanrat an. Sina freute sich als einzige Schülerin ihrer Klasse nicht darauf, weil sie und ihre Freundinnen den genauen Grund wussten.

Sina ist mit ihren 11 Jahren und den 1,50 m normal groß, aber dafür 80 Kilo schwer und noch dazu, leider sehr unsportlich. Ihre Note in Sport war schon in der Grundschule immer eine 4 bis 5. Noch dazu kamen die ständigen Probleme, dass sich andere Kinder, über ihre Unsportlichkeit und Pannen lachten und auch mobbten. Dann war der einzige Trost, nach der Schule sich beim Supermarkt nebenan, eine Tüte Chips und eine Flasche Limo zu kaufen. Wenn sie daheim ihrer Mama danach erzählte, wie schlimm wieder der Tag war, bekam sie noch ein paar Bonbons, nach dem Mittagessen dazu. Zwar hatte Sina abends oft Bauchweh, aber das schöne Gefühl nach dem Essen war länger im Kopf. Außerdem schlief sie mit den Schmerzen schnell ein und am nächsten Morgen war alles wieder gut.
Einmal im Monat auf die Waage stellen war auch kein Problem, denn Mama und Papa waren auch übergewichtig und sagten: „Oh wieder nur 5 Kilo mehr, das liegt am Wachstum. Also alles gut."
Oma freute sich auch über Sinas Figur, denn nur arme Leute würden schlank sein. Sina dachte sich: „Würde die Schule Sport abschaffen, wäre also alles toll und ich würde nicht so oft geärgert."

Ihre Freundinnen Sefra und Tamara dagegen, waren beide in Sportvereine, die besonders Leichtathletik förderten.

Nach der Schule ging es schon wieder los, mit dem üblichen Thema: „Sina ich weiß was du denkst, aber diesmal setzen wir uns durch. Wir waren 4 Jahre deine besten Freundinnen, obwohl du der Klassenlacher warst. Wir finden dich auch so schön, aber in dieser Schule möchten wir ernst genommen werden. Möchtest du nicht auch, dass hier das Mobbing aufhört?", fragte Tamara. Sina schaute nun zu Boden und sagte: „Doch, klar aber ich bin halt fett und war schon immer so. Das hört doch nicht auf, denn auch schlank wäre ich unsportlich."

Sefra boxte Sina am Arm und hakte nach: „Lass es uns diesmal richtig probieren. Wir helfen dir und das Sportliche kommt automatisch dazu." Sina nickte, aber nur damit ihre besten und einzigen Freundinnen endlich aufhörten, über ihre Probleme zu reden.

„Alles klar". sagte Tamara, „Morgen ist Samstag und wir fangen dann direkt an. Wir holen dich um 7 Uhr ab." Sina verneinte: „7 Uhr ist zu..". Sefra unterbrach sie und sagte: „Ok, jetzt sind wir sehr ehrlich zu dir. Sieh es als Erpressung, aber wenn du bei den Sportspielen zur Lachfigur wirst und nicht abgenommen hast, weil du unsere Hilfe verweigerst hast…, dann sind wir in der 6. Klasse nicht mehr deine Freundinnen. Nie mehr. Also morgen 7 Uhr?" Sina bekam plötzlich große Augen und sie war den Tränen nahe. Dann ging sie schweigend von ihren Freundinnen weg. „War das jetzt eine Zustimmung?" schaute Tamara zu Sefra. „Wir werden es morgen früh sehen und jetzt lass uns alles planen. Wir haben noch viel zu tun."

Sina war sehr traurig, denn wegen ihrer Figur wollten ihre Freundinnen, im nächsten Schuljahr nicht mehr in ihrer Nähe sein. Sie ging an den Supermarkt vorbei und dachte nach. Hunger hatte sie auf jeden Fall. Sie schaute in ihren Geldbeutel und fand 5 €. Sie ging rein und im Regal, griff sich Sina ihre Tüte Chips und später, bei den Getränken, ihre Flasche Cola. An der Kasse angekommen standen zwei Damen vor ihr. Sie hörte aus Langeweile dem Gespräch der Beiden zu, weil die Schlange an der Kasse sehr lang war. „Mein Mann ist schon wieder im Krankenhaus, dabei war er vor zwei Wochen erst wegen einem Bandscheibenvorfall dort. Sie sagen, er hat eine Fettleber und seine Beine geben sehr oft nach.", erzählte die Blonde. Die braunhaarige Dame fragte: „Er ist doch erst 45, was ist denn sein Problem." Die alte Blonde antwortete: „Alle Probleme entstehen durch sein hohes Gewicht und der schlechten Ernährung, sagen die Ärzte. Er darf keine Limo, keine Süßigkeiten und Chips mehr essen. Dabei mag er dies doch so gerne. Meine Schonkost, die ich immer esse, hatte er immer abgelehnt."

Sinas Gedanken liefen auf Hochtouren und sie schaute, auf ihre Einkäufe in den Armen. Sie hatte nun Angst von der Unterhaltung bekommen. Wenige Minuten später verließ sie den Supermarkt, aber ohne was gekauft zu haben. Sie erinnerte sich, dass ihre Eltern auch oft vom Krankenhaus sprachen und nur zur Kontrolle da waren, so sagten sie, aber Oma klagte oft von Rückenschmerzen und ist oft beim Arzt wegen Bluthochdruck gewesen. Zuhause angekommen ging sie sofort ins Zimmer und verweigerte später ihr Abendessen „Brot mit Schokocreme" und Erdbeermilch. Bauchschmerzen waren die Ausrede, aber nicht wegen dem Essen, sondern vor Angst ihre Freunde zu verlieren und später oft im Krankenhaus zu sein. Sie schlief diesmal sehr schlecht ein.

Am nächsten Morgen klingelte es plötzlich an ihrer Haustür und sie wusste, ihre Eltern würden nichts hören. Beide schliefen mit Ohrenstöpseln, weil sie beide schnarchten. Also machte Sina müde unten, mit dem Türsummer auf. Im Hausflur hörte sie die lauten Stimmen ihrer Freundinnen, die sich gut gelaunt unterhielten, während sie die Treppenstufen hochstiegen. Erschrocken fiel Sina ein, warum Sefra und Tamara zu Besuch kamen. Auf der Uhr war es 6:20 Uhr. „Ja, wir sind früher gekommen, weil wir dich kennen. Um 7 Uhr geht es los, also hopp hopp anziehen und zwar deine Sportkleidung.

Sina ging schlurfend ins Bad und putzte sich die Zähne. Auch beim Anziehen sagte sie nichts, weil sie keine Lust, auf eine Diskussion mit ihren Freundinnen hatte. Danach gingen alle die Treppe runter und danach, gemeinsam zum Sportplatz, der 10 Minuten von Sinas Wohnung entfernt war.

„So, unser Plan heute ist Ausdauertraining, also viel Laufen und Gehen.", freute sich Tamara. Sina zuckte mit den Schultern und Sefra faltete ein Blatt Papier auf, mit vielen Zahlen und Worten. Sie fing erst gar nicht an zu lesen, sondern fragte: „Also was soll ich nun tun?" Sefra lachte und erklärte: „Nun wir laufen erst einmal die gesamte 400m Runde und stoppen dann, mit Tamaras Sportuhr, die Laufzeit. Wir werden dein Tempo halten und fangen an zu joggen." Sina nickte und alle gingen auf die eingezeichnete Startlinie. Sina fing an zu joggen und merkte nach 100m schon Seitenstiche, sagte aber nix. Nach weiteren 150m, wurden die Seitenstiche zwar weniger, aber ihr Herz pumpte wie verrückt. Am Ziel angekommen, blieb ihr schon fast die Luft weg und sie fing an stark zu husten. „Super, geschafft und hier bekommst du deine erste Belohnung.", sagte Sefra. Sina schaute nun hoch und sah eine schwarze Sportflasche und fing an zu trinken. „Bah, das ist ja stilles Wasser. Wo ist das eine Belohnung?" Tamara kam dazu und meinte: „Ja, Wasser ist das beste und wichtigste Getränk für jeden Menschen und ist gesünder als Limo. Deine Zeit ist übrigens 8:34 Minuten. Wir müssen also noch viel üben." Sina fragte nach: „Was ist denn eine gute Zeit?" Tamara sagte: „1:20 Minuten sind Bedingung für einen guten 400m Lauf, um richtig gegen das Gymnasium zu gewinnen." Sina verlor bei diesen Worten schon wieder die Motivation, aber ihre Freundinnen ließen nicht locker. Nach kurzer Pause gingen sie zu dritt die 400m und danach joggten sie wieder. Das ging eine Stunde so, bis Sina völlig nassgeschwitzt und müde sich auf den Boden setzte. Ihre Freundinnen gaben ihr ein „High-Five" und beglückwünschten sie, zu ihrem Durchhaltevermögen. „Jetzt kommt der schöne Teil am Morgen, nämlich das Frühstück.", grinste Tamara. Alle drei gingen zu Tamaras Haus, wo die Eltern, einen schönen großen Garten und einen Swimmingpool hatten. Tamaras Mama wusste anscheinend schon Bescheid, denn der Tisch war mit 4 Tellern gedeckt. „So Kinder, guten Appetit und langt ordentlich zu, nach dem harten Sport." Sina war verwirrt, so viel Obst, Kannen mit Säften, Haferflocken und Hafer- und Sojamilch. Sina fragte nach Brot, Toast, Milch Marmelade, Wurst und Käse. Tamara stupste ihre Freundin an: „Du weißt doch, meine Eltern leben vegan und wir kaufen keine ungesunden oder tierischen Produkte. Du musst leider deine ganzen Gewohnheiten ändern, Ernährung und Alltag." Sina nahm das hin und nahm etwas Obst, Haferflocken und vermischte Alles mit der Hafer- milch. Es schmeckte ungewöhnlich, aber nicht schlecht. Der Saft schien aus dem Obst von Tamaras Garten gemacht worden zu sein, denn er schmeckte besser, als die normalen Säfte aus dem Supermarkt.

Nach dem Frühstück konnten die Kinder ein wenig spielen. 1 Stunde später stand Tamara auf und sagte: „Los wir gehen jetzt in den Keller. Da geht es weiter." Alle standen auf und Sina wusste nicht, was nun auf sie zukam. Im großen Keller angekommen stand dort ein Heimtrainer, wo Tamara stolz drauf zeigte. Sina fragte nur: „ Wie lange?". „Solange du fahren kannst, aber nicht aufgeben.", grinste ihre Freundin. Sefra kam dazu und stoppte die Zeit. Nach 30 Minuten taten Sina ihr Popo und ihre Beine weh. Tamara notierte die Daten: Zeit, geschaffte Strecke in Kilometer und die errechneten Kalorien vom Heimtrainer.

Sinas restlicher Tag ging anstrengend weiter und Mittagessen gab es diesmal bei Sefra, aber nur Hühnchen mit Reis und Salat. Ketchup war auch keiner vorhanden, weil es ungesund sei, erklärte Sefras Vater.

Gegen späten Nachmittag begleiteten ihre beiden Freundinnen, Sina nach Hause. Sie lobten auf den ganzen Weg, ihre sportlichen Bemühungen.

In Sinas Zimmer angekommen gab Tamara ihr noch den Tipp: „Heute Abend darfst du dein Schokobrot ruhig essen, aber dabei bitte nur Wasser als Getränk. Morgen ist Sonntag, da kannst du dich ausruhen, aber Montag geht es nach der Schule weiter. Wir müssen noch ein paar Dinge abklären."

Sinas Mutter kam ins Zimmer und fragte die Kinder, was sie den ganzen Tag gemacht haben. Tamara und Sefra erzählten Ihr stolz: „Laufen, Radfahren, Kugelstoßen, Weitsprung und danach Treppenstufen hoch- und runterlaufen. Hat richtig Spaß gemacht und jetzt gehen wir schnell heim.

Tschüß zusammen." Sina hörte nichts mehr, weil sie bereits eingeschlafen war. Sinas Mutter wunderte sich ein wenig, aber hielt dies für ein kurzfristiges Kinderspiel und sagte nichts mehr. Sie ließ ihre Tochter schlafen und verabschiedete die beiden Freundinnen an der Tür.

Am Sonntag wollte Sina gar nicht aufstehen, denn ihr tat der ganze Körper weh. Ihre Mutter bestand aber darauf und Sina saß am Küchentisch. Sie trank nur ein Glas Milch und ein Schokobrot. Danach wollte Sina wieder ins Bett, weil sie müde sei. „Hans, ich glaube unsere Tochter ist krank. Sie trank heute keine Erdbeermilch und statt drei Schokobrote, nur eins." Ihr Mann zuckte nur mit den Schultern und sagte nichts. Sinas Mutter ließ ihre Tochter den Rest des Tages in Ruhe und wollte bis Montag warten, ob es ihr dann besser ginge.

Am Montag ging Sina früh aus dem Haus und fühlte sich plötzlich wacher und mit mehr Energie im Körper. Sie dachte, das kann doch nicht so schnell gehen, denn ihr Bauch sah so aus, wie immer. Sie ging glücklich zu ihren Freundinnen, die schon am Schultor auf sie warteten. Tamara fragte: „Na, merkst du schon, wie leichter sich dein Körper fühlt und wie viel Energie du hast?" Sina sagte: „ Ja, ihr habt Recht. Das war klasse, ich habe den ganzen Sonntag geschlafen und morgens nur ein Schokobrot mit Milch zu mir genommen. Abends gab es Pizza und Limo, aber hey, heute ist wieder Showtime mit Sport." Sefra schüttelte den Kopf: „ Sina, Sport allein hilft doch nicht beim Abnehmen, wenn du einfach nicht lernst gesund zu essen. Pizza und Limo gehören nicht dazu." Sina wurde sauer: „ Abends darf ich doch auch Schokobrot essen. Warum dann keine Pizza?" Tamara flüsterte Sefra was ins Ohr und

Sefra sagte: „Bei mir wird es kein Problem sein und bei dir?" Tamara reckte den „Ok" Daumen.

„Sina, ab sofort bringe ich dir einen Monat lang, jeden Schultag das Frühstück mit. Mittagessen gibt es bei Sefra und Abendessen, darfst du daheim, was deine Eltern dir so geben. Wir hoffen, dass dir dein Körper nach dem Monat zeigt, was er mag und wie du dich damit dann fühlst." Sina war ein wenig sauer, denn sie meinte, dass ihre Freundinnen nun zu weit gingen. Dennoch fühlte sie sich nach dem letzten Samstag schon besser und war neugierig auf die weiteren Ideen, von Sefra und Tamara.

Nach der Schule führte Tamara ihre Freundin Sina zur Bushaltestelle. Bevor sie fragen konnte, lüftete Tamara das Geheimnis: „10 Monate lang wirst du mich 2-mal die Woche zu meinen Leicht-athletik-Verein begleiten. Meine Mutter sitzt dort im Vorstand und hat alles geregelt. Die 5 € Gebühren im Monat, bekomme ich weniger, als Taschengeld. Einfach, weil du meine Freundin bist und dann, wegen möglichen Geldmangel nicht absagen könntest. 1 Tag in der Woche wirst du bei Sefras, lieber Mutter im anstrengenden Gymnastikkurs mitmachen. Am Samstag testen wir dann deine Erfolge anhand der Daten-messungen und Sonntag hast du frei. Na ja, du musst uns dein Gewicht am Telefon nennen, mehr nicht." Sina war auf der einen Seite sehr erstaunt, wie viel Mühe sich ihre Freundinnen für sie machten. Auf der anderen Seite war sie skeptisch und fühlte sich, wie ein kleines Kind, was neue Eltern statt Freundinnen hatte. Sie bestimmten immerhin, für 10 Monate, ihr ganzes Privatleben.

Nach einer Woche erwischte Tamara, ihre Freundin im Supermarkt, wie sie eine Limo und

Tüte Chips in der Hand hielt. Sina hatte einfach Hunger darauf und Tamara sagte: „Ok, nur einmal die Woche ist es erlaubt, wenn du für den Rest deine Disziplin hältst" Sina nickte und hielt sich an das Versprechen.

In der zweiten Woche sprach Sinas Mutter ihre Tochter an, weil sie die Veränderungen merkte. Sina meinte, dass sie für die Sportspiele übe und es ihr so viel besser ginge. Außerdem würde sie zum Abendbrot lieber, einen Traubensaft und ein Vollkornbrot mit leckerer Hähnchenbrust-Wurst essen wollen. Ihre Mutter wollte protestieren, aber Sina meinte, ihr ginge es dadurch besser. Also bekam sie ihren Wunsch erfüllt.
In der Schule merkte Sina, dass sie fitter und wacher war. Auch im Sportunterricht machte sie mehr mit und ihre Note war nun bei einer 3. Oft war sie abends richtig müde und schlief nach dem Abendbrot schnell ein, um morgens wieder topfit aufzustehen. Ihre Zeiten verbesserten sich, laut Tamara und nach einem Monat hatte sie schon 3 Kilo abgenommen. Sina hungerte nicht, sondern war durch das gesunde Essen oft sehr satt. Auch das Lachen einiger Schüler am Anfang, nahm mit den Monaten immer mehr ab, weil Sina immer beweglicher wurde und viele Übungen, im Sportunterricht, gut hinbekam.
Einziges Problem war, dass sie immer noch mit ihren Eltern eine Diskussion hatte, warum sie andere Sachen essen und trinken wollte, als früher. Sie merkte, dass sich ihre Eltern immer mehr Sorgen, um ihre Tochter machten. Als Sina nun auch den Kuchen an Omas Geburtstag ohne Sahne essen wollte, reichte es ihrer Familie.

Am Montag sollte Sina nicht zur Schule, sondern mit ihrer Mutter zum Arzt gehen. Sie schimpfte auf Sinas Freundinnen, die ihr die ganzen

Sachen eingeredet hatten. Ihr Mädchen sagte dazu nichts, weil sie wusste, ihre Mutter hört ihr sowieso nicht zu, wenn sie eine andere Meinung hatte. Beim Arzt angekommen, wurde Sina komplett untersucht und beim Arztgespräch gab es eine Überraschung. Dr Traudich schlug die Patientenakte auf, räusperte sich und schaute die sorgenvolle Mutter an: „Frau Klammer, was soll ich ihnen nun sagen. Ihre Tochter machte mir immer die letzten Jahre Sorgen, mit dem hohen Gewicht und den schlechten Blutwerten. Innerhalb kurzer Zeit, muss ich aber mit Freuden feststellen, dass sich ihre Tochter Sina prächtig verändert hat. Die Blutwerte sind fantastisch und auch alle Vitamine und Mineralstoffe bekommt der Körper zugeführt. Auch am Übergewicht wird hart gearbeitet, denn Sina sieht viel beweglicher und sportlicher aus. Ich empfehle Ihnen, sich also keine Sorgen zu machen und bitte sie noch ca, 3 Monate so weiterzumachen. Dann hat Sina das Idealgewicht für ihre Größe und Alter." Schockiert nahm ihre Mutter, Sina an der Hand und verließ die Arztpraxis.

Zuhause angekommen war die Mutter gedanklich abwesend. Als ihr Mann abends nach Hause kam, musste sie ihm sofort Alles erzählen. Er hörte sich die ganze Geschichte an, und meinte nur: „Helga, kann es vielleicht sein, dass wir wirklich unsere Ernährung überdenken müssen und uns, kleine Schulkinder, eine viel bessere Lebensweise beibringen können? Ich meine, wenn unser Kinderarzt dies sogar noch bestätigt, wird es wohl nicht komplett falsch sein." Die Eltern diskutierten noch weiter, während Sina im Bett seelenruhig schlief.

Am nächsten Tag war Sina abends erstaunt, denn ihre Eltern aßen dasselbe, wie sie selbst.

„Wollt ihr jetzt auch noch Sport machen?"
„Vielleicht antworteten ihre Eltern." Sina war froh,
dass vielleicht nun die ewigen Diskussionen, über
das Essen, aufhören würden.

Drei Tage vor den Sportspielen trafen sich alle
drei Mädchen bei Tamara zuhause. Sina war
erstaunt, weil alles so geschmückt war. Sie las
ein selbstgemaltes Bild, über einem Spiegel
worauf stand: „Herzlichen Glückwunsch Sina, du
hast alle Hürden und Anstrengungen geschafft.
Du hast manchmal nicht den Glauben daran
gehabt, aber du hattest die Hilfe deiner Freundinnen immer angenommen. Sieh nun selbst dein
„neues Ich" im Spiegel. Sina war begeistert,
obwohl sie sich gerade erst zuhause im Spiegel
betrachtet hat. Tamara und Sefra gaben ihre eine
Tröte und alle drei bliesen kräftig rein, so dass
die ganze Wohnung dröhnte. Sina war so
glücklich und die Mädchen feierten den Tag mit
ihrem Lieblingsfilm,

Zwei Tage vor den Sportspielen standen Tamara,
Sina und Sefra auf dem Sportplatz und wollten
die 400m laufen. Ein kurzer Pfiff von Sefras
Mutter und die Mädchen rannten los. Mal war
Tamara vorne, mal Sina oder Sefra, so knapp
war die Entfernung zwischen den drei engen
Freundinnen. Am Ende gewann Sefra, knapp vor
Sina und Tamara. Sinas Zeit lag bei 1:23 Minuten
und Sefra war drei Sekunden schneller. Tamaras
Zeit lag bei 1:25 Minuten. Die Mädchen nahmen
sich gemeinsam in die Arme, beglückwünschten
sich gegenseitig und alle waren hochmotiviert.
Sefras Mutter fuhr die Mädels später nach Hause
und bat alle nun Pause zu machen, um fit für den
Wettbewerb zu sein.

Einen Tag vor den großen Sportspielen, gab ihre Sportlehrerin Frau Raser noch die letzten Pläne und Anweisungen an ihre Klasse 5b, bevor die Schüler frühzeitig schulfrei bekamen. Sina sah auf ihrem Zettel und sagte zu Tamara: „Ich bin für den 800m Lauf ausgewählt. Ob ich das nun schaffe? Wir haben bisher nur die 400m geübt. Die Läuferin, vom Gymnasium, gegen die ich antreten muss, heißt Lisa Neumann. Kennt ihr sie?" „Nein", sagte Tamara, „aber ich allein soll Hochsprung, gegen einen Jungen gewinnen. Wie soll ich das schaffen? Der Name Scott klingt aber schon cool. Lassen wir uns überraschen, denn wir haben hart geübt, besonders Du, Sina." Sie verabschiedeten sich und gaben sich einen „High-Five".

Sina lag abends im Bett, war hochmotiviert und dachte: „ Ich bin so froh, so tolle Freundinnen zu haben. Ich hätte vor 10 Monaten nie gedacht, dass ich mich so auf die Sportspiele morgen freue.

ENDE

Fazit

Diesmal geht es in der Geschichte um ein dickes Mädchen, was zwei treue Freundinnen hat. Als die drei Schüler auf einer neuen Schule sind, ändern sich plötzlich ihre Freundinnen. Das Übergewicht ihrer Freundin Sina, wird zu einem Problem. Sina wird in der ganzen Geschichte unter Druck gesetzt, denn sie will ihre besten Freundinnen nicht verlieren. Sie bekommt zwar viel Hilfe, aber in der Geschichte kommt ein wenig zu kurz, was reale, übergewichtige Kinder und Erwachsene noch für Probleme beim Ab-

nehmen haben. In dieser Geschichte haben die Eltern Schuld, wegen der falschen Ernährung.
Ist das in der Realität auch so? Das ist ein schwieriges Thema, was im Moment auch heute noch diskutiert wird. Es gibt auch schon eine „Body- positivity-Bewegung", die im Internet zeigt, dass „Übergewicht" was Tolles und Schönes ist. Ob das gesund ist oder nicht, bleibt offen stehen.

<u>Fragen zum Diskutieren:</u>

Warum haben es im Sport einige Personen, oft so schwer?

Wie reagierst du selbst, auf dicke Menschen und warum?
Nennt Beispiele.

Sina würde ihre Freunde verlieren, wenn sie nicht versucht, Gewicht zu reduzieren, ist das okay? Begründe deine Entscheidung.

Wie wird die Geschichte wohl weitergehen?

„Auf die Brille! Auf die Brille!"

Franka Syska ging mit ihrer Mutter Silke gerade vom Augenarzt weg, als sie plötzlich, vor dem kleinen Optikerladen, mit verschränkten Armen und wütendem Gesicht trotzig stehenblieb. „Ich werde da auf keinen Fall reingehen. Da gehen Oma und du immer hin. Das Geschäft ist erstens total von gestern und mega peinlich. Vor allem werde ich in der Schule, sowieso keine Brille tragen. Ich sehe sehr gut." Silke schaute ihre Tochter verständnisvoll an: „Ich weiß, das ist jetzt eine große Veränderung, aber du kannst ohne Brille leider nicht nah genug sehen. Du hast doch selbst gemerkt, das schreiben und lesen, dir schwerfallen. Jetzt stell dich nicht so an. Unsere ganze Familie besteht aus Brillenträgern. Du halt jetzt auch." Franka stand noch 5 Minuten so rum. Es half aber nichts, denn sie hatte eine geduldige Mutter, die noch bis spät in die Nacht, mit ihr vor dem Brillengeschäft gestanden hätte. Franka ging, mit großem Stöhnen und gelangweilter Miene, in den alten Optikerladen und begrüßte freundlich den Verkäufer hinter der Theke, der eine altmodische Hornbrille trug.

Nach einer ganzen Stunde und nochmaligem Augenmessen, hatte Franka nun eine Brille, die ihr gar nicht gefiel. Mit ihrer Mutter verließ sie traurig das Geschäft und sagte: „Zufrieden? Ich habe nun auch so ein Oma-Modell wie Anno dazumal." „Mensch Franka, nun reiß dich mal zusammen. Hornbrillen sind nun wieder in Mode und mit 200 € auch sehr teuer. Außerdem sind die Gläser auch für den Sportunterricht geeignet. Also trag sie auch bitte dort, erwiderte Silke." Franka sagte bis daheim nichts mehr und machte sich die ganze Zeit Gedanken, wie sie am nächsten Tag die Schule überleben soll.

Franka konnte die ganze Nacht nicht schlafen und hatte per Handy ihren Freundinnen Text- und Sprachnachrichten geschrieben. Eine Antwort erhielt sie nicht. Dafür am nächsten Morgen, als sie folgende Sprachnachricht von ihrer Freundin Anika erhielt: „Eh sach mal, was ist los? Musst du mitten in der Nacht mein Handy vollquatschen? Such dir mal nen Freund. Der ballert dich dann die ganze Zeit mit süßen Nachrichten voll, obwohl du ihn nur einmal zum Spaß geküsst hast. Also werde ja nicht so wie Mosam. Den habe ich sofort nach 10 Nachrichten blockiert."
Verena war dafür freundlicher: „ Liebes, mach dir keine Gedanken. Eine Brille ist kein Weltuntergang und so hässlich wird sie schon nicht sein."
Franka mochte sie am Liebsten, denn Anika ging ihr mit dem „Ghetto – Slang" oft auf die Nerven. Trotzdem hatte sie oft gute Tipps und hörte ihr mehr zu, als Verena.

Franka zog sich an, stylte sich ein wenig die Haare und setzte dann die schreckliche Brille auf. Sie ging aus dem Haus und traf sofort auf Mosam, der in ihrer Nähe wohnte. „Hey krass, machste jetzt auf Lehrerin oder ist heute etwa Karneval?", lachte er. Franka ging einfach weiter und ignorierte ihn. Er fühlte sich jetzt gekränkt, denn er war schließlich der coole Typ der Klasse, so meinte er selbst von sich. „Ah, verstanden. Du bist jetzt plötzlich schlauer geworden, als ich oder blinder. Na, wir werden sehen. Heute wird ein krasser Schultag für dich, Süße." Mehr sagte Mosam nicht und rannte vor ihr zur Schule. Franka dachte nicht weiter darüber nach und ging entspannt zur Schule und dachte, noch nicht einmal, über ihre neue Brille nach.

An der Gesamtschule Estrakas angekommen begrüßten sie die Schüler der anderen Klassen ganz normal, wie sonst auch. Sie ging die Treppe zu ihrem Klassenzimmer, der Klasse 7a, hoch und die Lehrer, die ihr begegneten, lächelten Franka freundlich an, was ebenfalls nicht ungewöhnlich war. Im Flur vor der Klassenzimmertür standen ihre beiden besten Freundinnen und umarmten Franka. „Na, so schlimm sieht das Ding auf deiner Nase gar nicht aus.", meinte Verena. Anika hingegen ging schon auf Mosam zu und hörte sich den Mist an, den er seinen Kumpels Roland und Zisko erzählte. „Hast du schon die kleine Zicke mit den Glasbausteinen gesehen? Ist über Nacht was Besseres und hat mich heute Morgen respektlos behandelt. Dabei war ich total Gentlemen.", grinste Mosam und wollte ein „High-Five" von Zisko, der sofort mitmachte. Roland meinte: „ Lässt du dir das denn gefallen?" „Natürlich nicht, ich habe einen tollen Plan, aber den erkläre ich euch in der Pause. Hey Anika, lauscht du etwa oder hast du mich vermisst. Vielleicht manchmal meine Nachrichten beantworten, sonst vergesse ich dich sogar ganz schnell, Puppe.", feixte Mosam. Anika blieb ganz ruhig, aber in ihren Inneren war eine große Wut, die sie ihm nicht zeigen wollte. „Hör auf, mit deinen Nachrichten und dann vergiss mich schnell. Ich habe Schluss gemacht, nicht du." Danach ging sie zu ihren Freundinnen hin und warnte Franka, dass Mosam irgendwas gegen sie geplant habe und sie aufpassen müsste. Dann kam die Lehrerin Frau Haller und der Unterricht verlief ruhig.

In der Pause gingen Franka, Anika und Verena zum Bäcker und holten sich jede ein paar belegte Brötchen. Auf dem Rückweg sahen die drei, wie Mosam, mit seinen beiden Kumpels sprach und lachte. Jetzt waren die Mädels gespannt, was nun der Plan war, aber sie wurden von den Jungen schnell weggescheucht und beleidigt.

Im Sportunterricht sollte nun der böse Plan aufgehen, den sich Mosam ausdachte. Da Frau Haller auch die Sportlehrerin der 7. Klasse war, zog sie sich in der Einzelumkleide bei den Mädchen um. Was in der Jungenumkleide zu der Zeit passierte, konnte sie daher nicht ahnen.

Alle Schüler und Schülerinnen liefen mit Freude in die Sporthalle. Heute war Basketball an der Reihe und die Klasse freute sich darauf. Sie hatten schließlich in zwei Wochen ein Turnier gegen die Nachbarklasse. Man konnte sogar einen Preis gewinnen. Die Mannschaften wurden gewählt und es fiel sofort auf, dass diesmal die Jungen nur Jungen wählten. Falls ein Mädchen, einen Jungen wählte, sagte er nur, dass er keine Lust hat und riskierte damit, einen Platz auf der Strafbank. Frau Haller wunderte sich zwar, aber ignorierte dieses Verhalten, der Schüler. „Dann sollten sie halt auf der Strafbank sitzen und sich langweilen", dachte sie sich. Dann ging das Spiel endlich los, „Mädels gegen Jungen".

Als Vanessa mit ihrer Mannschaft nach vorne stürmte und Anika den Ball zuwarf, obwohl Verena frei war, stand Franka hinten in der Abwehr und hatte ihre neue, altmodische Brille auf und dachte nichts Böses.

Dann, nach dem verfehlten Wurf von Anika, schnappte sich plötzlich Mosam den Ball und grinste böse. Neben ihm seine Freunde Zisko und Roland. Er ließ den Ball, hart auf den Boden dribbeln und im Takt, sagten plötzlich alle Schüler: „Auf die Brille, Auf die Brille, Auf die Brille... und dann liefen die drei Jungen, wie ein Geschoss plötzlich auf Franka zu, während sie sich mit dem Dribbeln abwechselten. Wenige Meter vor dem Korb, warf Mosam den Basketball hart gegen Franka, anstatt auf den Korb. Sie konnte den Ball mit ihren Armen vor dem Kopf gehalten, so gerade noch schnell abwehren. Das Mädchen staunte selbst, über ihre schnellen Reflexe, sah danach aber Mosam böse an. „Das war doch mit Absicht und kein Spass", schrie Franka. Frau Haller pfiff eine Unterbrechung und Mosam sagte: „Verzeihung, ich bin über mein Schnürsenkel gestolpert." Die Lehrerin ermahnte ihn zwar, aber ließ das Spiel weiterspielen. Franka war zwar sauer, beruhigte sich schnell, denn sie wollte Mosam den Erfolg nicht gönnen, ihr Angst gemacht zu haben.

Drei Minuten ging es gut und ihre Mädchen-Mannschaft machte sogar einen „Dreier-Wurf". Danach stürmten diesmal Zisko und Roland auf Franka zu, wieder im Takt der Jungenrufe: „Auf die Brille, Auf die Brille...." Diesmal jedoch, als Zisko auf Franka werfen wollte, rammte ihn Anika in die Seite. „Du blöde Kuh, was .." er konnte es nicht beenden, da pfiff die Lehrerin, Anika zu sich ran. „Ich glaube das war ein Foul und du darfst erstmal für ein paar Minuten auf der Bank Platz nehmen, Anika." Die Schülerin erwiderte: „Sehen sie das denn nicht Frau Haller, die Jungen wollen Franka abwerfen, weil sie jetzt eine Brille trägt. Da müssen sie doch was gegen tun." Frau Haller grinste und winkte ab: „Ihr lasst euch doch immer irgendeinen Mist beim Sport einfallen. Diesmal sollen plötzlich Brillenträger abgeworfen werden? Warum wird dann Lukas oder Hilla in Ruhe gelassen, he? Los auf die Bank mit dir und lass die anderen weiterspielen. Ich winke dich dann wieder dazu, wenn du rein darfst."

Mosam und Roland machten ein „High-Five" und die anderen Jungen spielten auch mit. Was ein versprochenes Wochenende mit Gratis-Fahrten auf der tollen Kartbahn, von Rolands Vater nicht alles bewirken kann. Genau das wurde abgemacht, wenn die anderen Jungen passiv bleiben, mit-rufen oder als Bonus die Brille abwerfen, so dass Franka sich ärgert.

Als die Jungen bei ihrem nächsten Versuch erneut auf das Mädchen, mit der neuen Brille zurasten, mit denselben Worten, rannte Franka sofort zu Frau Haller und sagte, sie müsse dringend auf die Toilette. Frau Haller nickte und ließ Anika wieder mitspielen. Das Spiel verlief von da an sehr ruhig und die Rufe der Jungen hörten auf. Franka verbrachte den Rest der Sportstunde traurig auf der Toilette. Später wird sie sagen, sie hätte Verstopfung gehabt. In Wahrheit, war sie sehr traurig und ängstlich. Dass diese doofe Brille, so viel Unglück bringt und dazu noch hässlich ist, hätte sie nie gedacht.

In der zweiten Schulpause ging das Spiel weiter. Die Jungen riefen zu Franka böse Worte: „Na Brillenschlange, siehst du was? Hast du deine Oma beklaut, weil ihr arm seid? Gab es die Glasbausteine nicht noch dicker?" Immer wieder liefen sie Franka hinterher und stellten diese dummen Fragen und sie konnte sich nicht wehren.

Ihre Freundinnen hatten nämlich, mit Frau Haller, noch eine Diskussion wegen dem unfairen Spiel. Die Lehrerin wehrte aber ab und meinte immerzu: „Wenn ihr Kinder euch alle mal erwachsen benehmt, dann können wir darüber reden. Soll ich jeden kleinen Vorfall hart bestrafen? Dann denkt ihr euch wieder was Neues aus und ich bekomme schnell graue Haare oder einen Herzinfarkt. So raus jetzt und geht spielen. Ich habe dafür keine Zeit mehr."

Der schlaue Michael aus der 5.Klasse sah den Vorfall von Franka und beobachtete das Ge-schehen. Er wusste auch, dass man gegen die ganzen, großen Jungen aus der 7. Klasse nichts unternehmen konnte, zumindest nicht körperlich, aber bestimmt mit Intelligenz.

Nach Schulschluss sah, der schlaue Michael, das arme traurige Mädchen und ihre beiden besten Freundinnen. Er hätte sie am Liebsten trösten wollen, aber er hatte was Anderes vor. Sie wurde schließlich schon, von den beiden Mädchen beruhigt. Er fand sie sogar ganz toll, mit ihrer Brille. Dann lief er los, um einen Jungen aus deren 7. Klasse zu erreichen.
Er fand einen Einzelgänger, der aber wie ein Schläger aussah. Michael ging zu ihm hin und sagte: „Hey du, cooles Shirt hast du an." Der Schüler schaute ihn an und erwiderte: „ Eh Alter, wenn du mich nur reinlegen willst, dann kannst du gleich umsonst eine Gesichtsmassage haben, verstanden?" Michael tat passiv und begab sich auf dessen Sprachniveau: „Nein echt, ich find das Mega. Aber okay das ist nicht Alles, Mann."
Der kräftige Schüler meinte: „Wusste ich doch, was willste denn von mir?" Michael begann ganz vorsichtig: „Ihr habt doch das nervige Mädchen mit der neuen Brille in der Klasse." „Ja und?", meinte der Schüler mit dem Shirt. Michael ging auf Risiko: „Na, ich hab halt dasselbe Problem mit einem Mädchen, was richtig stinkt. Nur wie bekomme ich die Jungen dazu mir zu helfen? Bin halt nicht so sportlich wie du." Der Junge lachte und meinte: „Alter, du gefällst mir. Ich bin der Max, aber ich hab nicht angefangen, sondern ein anderer Schüler. Der erzählte uns plötzlich, wenn wir das Mädel mit der Brille ärgern, dann dürfen wir Samstag und Sonntag gratis auf der coolen Kartbahn, seines Vaters fahren, bis uns schlecht wird. Geht die Brille noch kaputt, gibt es ein Monatsticket dazu. Gilt aber nur während des Basketball-Spiels. Ich finde das Mädel eigentlich nett, aber Kartbahn lockt, verstehse?" Michael

nickte und log: „Ne coole Sache, aber wessen Vater hat hier die Kartbahn. Möchte ihm auch die Idee vorschlagen." Max meinte: „Roland Meister hat diesen Vater. Fragen kannste mal und dann viel Glück. Bist in Ordnung, du Bohnenstange." Beide verabschiedeten sich und Michael war froh, von diesen unangenehmen Jungen weg zu gehen. Michael ging nach Hause zu seinen Eltern und hoffte auf deren Hilfe. Schließlich dachten sie auch so, dass „gerechtes" und „respektvolles" Miteinander sehr wichtig ist und man schützen muss.

Der Vater kannte Richard Meister, den Besitzer, der Kartbahn und rief ihn sofort an. Er erzählte ihm, dass sein Sohn, den männlichen Mitschülern „Gratisfahrten" versprochen hätte, wenn sie eine Schülerin ärgern und sogar ihre Brille kaputt machten. Auf der anderen Seite des Telefons, wurde es ganz leise. Nach kurzer Zeit, hieß es nur: „Ich werde das Problem lösen und vielen Dank für die Info. Es wird aufhören."

Franka war daheim und spielte die liebe Tochter. Sie wusste, dass ihre Eltern, ihr nicht zuhörten. Das war schon bei dem Kauf der Brille so und das wird sich bei Schulproblemen nicht ändern. Nur ihre Freundinnen hörten zu, obwohl Anika, immer als Lösung nur, alle Jungen zu verprügeln kannte. Verena wollte lieber, dass Franka mit den Vertrauenslehrern spricht. Franka wusste selbst keine Lösung und wollte den morgigen Tag noch abwarten.

Der neue Schultag begann und Franka wollte nicht aufstehen, aber ihre Mutter überzeugte sie doch zu gehen. Mit ein bisschen Angst, Bauchschmerzen und der blöden Brille auf der Nase ging nun Franka los.

Michael war früher aufgestanden und wartete an der Schule auf Franka. Da kam sie schon, mit ihren beiden Freundinnen. Michael sprach sie direkt an: „Hey ihr Drei, wartet bitte mal kurz. Ich möchte Euch reden." Anika antwortete: „ Wir aber nicht mit dir, Kleiner aus der unteren Klasse." Franka entgegnete: „Wartet doch mal kurz. Gebt ihm eine Chance. Vielleicht ist es wichtig. Er hat außerdem Mut, Mädchen aus der 7. Klasse anzusprechen." Michael sagte freundlich:„ Es ist sogar sehr wichtig für dich. Wie heißt du mit der Brille, eigentlich? Du siehst ganz nett aus." Verena mischte sich ein: „Flirtest du gerade mit meiner Freundin oder machst du dich nur über ihre Brille lustig, wie die Anderen." Michael wehrte ab und sagte nun schüchtern: „Ich habe was für deine Freundin getan und möchte es ihr erzählen. Aber wenn ich den Namen wüsste, dann wäre es netter." Franka sagte nun: „Ich heiße Franka, aber was hast du für mich getan und warum? Wir kennen uns doch gar nicht. Michael fing an zu erzählen: „Ich heiße Michael und ich habe gestern beobachtet, wie dich einige Jungen geärgert haben. Ich mag so ein Verhalten nicht. Ich wollte dir helfen und habe es sogar getan. Warte, bis spätestens nächsten Montag ab und es wird sich was ändern. Vielleicht sogar früher, vertraue mir bitte." Die drei Schülerinnen standen nachdenklich da und Anika fragte neugierig: „Was hast du kleiner Wicht schon getan, gegen Schüler, die einen Kopf größer und auch stärker, als du sind?" Michael antwortete nur: „Ich muss selber warten bis es passiert. Wartet einfach nur, bevor ihr selbst was unternehmt." Anika und Verena blieben skeptisch, aber Franka war mit damit einverstanden, Michael zu vertrauen und bis Montag zu warten.
Danach gingen sie und Michael getrennt zum Unterricht.

Die Störungen gegen Franka hörten auf. Die Beteiligten warteten schließlich auf die versprochene Belohnung von Mosam und Roland, die es am Wochenende gab. Nur Mosam machte ab und zu noch einige Witze, über Frankas Brille. Roland und Zisko waren die einzigen Schüler, die darüber lachten. Im Unterricht durften sie sogar noch nachsitzen, nachdem ein Lehrer sie oft ermahnt hatte, den Unterricht nicht zu stören.

Am Samstag ging Roland mit seinen Freunden und den Schülern, die ihnen im Sportunterricht geholfen hatten, zur Kartbahn seines Vaters. „Hallo Papa, du hattest doch einmal gesagt, ich könnte gerne ein paar Freunde mitbringen, die dann die Kartbahn ausprobieren könnten. Hier sind sie.", sagte Roland fröhlich. Sein Vater grinste und antwortete: „ Natürlich, ich freue mich immer über hilfreiche Hände, die mich bei meiner Arbeit unterstützen. Gut dass ihr kommt. Zuerst muss die alte Kartbahn vom Laub befreit werden. Danach müsstet ihr die Autos putzen, sind ja nur 15 Stück. ..." „Moment", unterbrach Mosam, „die Jungen haben uns bei einer tollen Sache geholfen und Roland hat ihnen versprochen, sie könnten „gratis" fahren." Der Vater verschränkte die Arme: „Tja, ich habe nichts zugesagt und ohne Arbeit keine Vergnügen. Wobei habt ihr denn Roland geholfen?" „Nun, wir haben ein Mädchen ärgern.." Roland hielt dem Jungen nach dem Wort „ärgern" den Mund zu. „Er meinte, er habe den armen Mädchen bei den Hausaufgaben geholfen.", log dann Mosam. Der Mann wurde ungehalten: „Roland, ich finde das nicht schön, dass du den Kindern was Falsches versprochen hast. Nun, sie scheinen mir, bei der Arbeit nicht helfen mehr zu wollen. Ein Versprechen muss man eigentlich halten, aber wir ändern es um, damit deine Freunde nicht umsonst nach Hause gehen. Ich gebe jeden, von deinen Schul-kameraden, ein Eis, weil es heute so warm ist." Alle jubelten, aber der Vater sagte noch dazu: „Bedankt euch bei Roland, der bezahlt dafür von seinem Taschengeld." Roland war sauer: „Nein, halt stopp. Wir gehen jetzt. ich brauche mein Taschengeld auch selber." Alle protestierten und gingen dann aber mit Roland, Zisko und Mosam mit. Rolands Vater rief noch hinterher: „Sollte ich jedoch herausfinden, dass du ein Mädchen in der Schule mobbst, gibt es Stubenarrest und alles verboten, was einen Bildschirm enthält." Der große Max drohte, vor dem Eingangstor, den drei Freunden und die anderen Jungen standen hinter ihm, mit finsterem Gesicht und schauten ebenfalls zu den Dreien. „Falls ihr irgendwann Hilfe braucht und was von uns wollt, wisst ihr, dass ihr uns was schuldet. Ich mache für euch keinen Finger mehr krumm. Seid froh, dass ich euch keine blauen Augen verpasse." Danach gingen alle Schüler geschlossen hinter Max nach Hause und ließen Mosam mit seinen beiden Kumpels alleine.

Am Montag traf Max auf den schlauen Michael am Schultor. „Hey du Pimpf, nein schon gut, Michael. Ich wollte dich nur ärgern. Ich warne dich vor. Rede lieber mit dem Mädel, anstatt sie zu ärgern. Der Vater von dem Schüler ist ein strenger Typ und gibt nichts umsonst. Wir wurden alle reingelegt. Sollten für die Fahrten arbeiten. Haben wir natürlich verweigert. Der Geizhals Roland wollte noch nicht mal sein Taschengeld für ein Entschuldigungs-Eis opfern. Aber hey, schau mal da." Max sah, wie Franka mit ihren beiden Freundinnen zur Schule kamen. Er buffte Michael am Arm und sagte:" Wir sind doch jetzt Freunde oder? Freunde müssen sich doch helfen. Du kannst doch super reden. Hilf mir, die

Kleine dort kennenzulernen, mit den blonden, langen Locken und dem blauen Rock. Ich finde sie krass." Michael überlegte und meinte, einen starken Freund aus der 7. Klasse zu haben, wäre schon ein guter Vorteil, in hilfreichen Situationen. „Ich mache das sehr gerne für dich, aber ich glaube, du kannst das Herz von ihr schneller gewinnen, wenn du ihr zeigst, dass du nicht nur sie, sondern auch ihre Freundinnen beschützen kannst." „Alles klar, dann hau mal rein.", sagte Max. Michael lächelte, denn er wusste, dass dieses Mädchen wohl Anika heißt und sie genauso Ghetto-Deutsch redet, wie Max. Sie könnten also gut zusammenpassen.

„Hey, Franka, Anika und Verena, richtig?", rief Michael. Die Mädels kamen neugierig zu den beiden Schülern. Anika bekam ein rotes Gesicht und Michael dachte nur: „Bingo". Michael sagte fröhlich und legte einen Arm auf Max Schulter: „Darf ich euch meinen Freund Max vorstellen? Er war bisher immer freundlich und hilfreich. Falls ihr also mal Hilfe benötigt, er könnte euch bestimmt auch helfen." Anika war nun neugierig, weil dieser Junge bisher in ihrer Klasse nur ruhig und ihr nie aufgefallen war. „Du bist doch in meiner Klasse. Wo kannst du mir schon helfen, he? Kannst du mein Fahrrad reparieren oder ist das zu schwer für dich?" Max legte los: „Hey Puppe, ich kann alles reparieren. Handwerklich bin ich ein Ass. Fahrräder mach ich dir mit links wieder fertig." Anika war verblüfft: „ Morgen 18 Uhr in der Seitzstr. 15, alles klar?" „Klaro, ich bin da.", sagte Max. Die Mädels gingen weiter und er schaute zu Michael: „Ey Alter, ich habe eine Verabredung, cool oder?" Michael nickte, ging dann zur Schule und dachte sich:" Wer nun immer denkt, dass Verabredungen, wie im Film, romantisch sind, hat nun dazugelernt."

In der Schulklasse fing der lästige Mosam wieder über Franka und ihrer Brille an zu lästern. Nun kam Max direkt auf ihn zu: „So ich sag dir jetzt mal was. Am Wochenende habt ihr uns Jungs schon doof stehenlassen. Nichts dazugelernt? Gut, dann beginnt jetzt die Lernstunde. Ihr lasst ab sofort Franka und auch ihre Freundinnen in Ruhe, wenn ihr nicht später auch eine Brille braucht, wofür ich sorgen kann. Hast du das verstanden?" Er gab Mosam eine Backpfeife. Mosam fiel vom Stuhl: „Wofür war das jetzt?" fragte er. „Ein Vorgeschmack zum Lernen.", lachte Max. Roland und Zisko hatten Angst vor dem starken Jungen und setzten sich ruhig auf dem Stuhl. Mosam tat es ihnen nach. Anika zog ihre Freundin Verena an und meinte: „War das eine gute Idee mit morgen. Er ist so stark und süß. Wie konnte ich ihn nur so lange über-sehen?" Verena zuckte die Schultern und sagte nichts, weil der Lehrer gerade zur Tür hereinkam.

Nach der Schule gingen Franka und Verena zu Michael, der noch am Schultor stand und auf die Neuigkeiten wartete. „Wo ist denn eure Freundin, Anika?", fragte er erstaunt. „Erst mal danke für deine Hilfe. Es hat tatsächlich aufgehört mit dem Mobbing gegen mich. Ich mag die Brille immer noch nicht, aber ich habe nun Ruhe. Anika hast du aber keine Ruhe gebracht. Sie ist jetzt total auf deinem Freund Max fixiert. Ob ihr überhaupt noch Zeit zum Treffen habt? Anika wird jetzt viel Zeit mit ihm haben wollen.", erklärte Franka. Michael war verblüfft. „Ja, ich weiß. Sie treffen sich, morgen zum ersten Mal. Sie hat aber eine Schwäche für Schüler, die ein „Ghetto – Deutsch" sprechen und ein starkes Selbstbewusstsein zeigen.", sagte Verena. Michael sagte: „Gern geschehen. Außerdem konnte euch der Junge aus der 5. Klasse auch mal zeigen, dass er auch Mädchen aus der 7. Klasse helfen kann."

Am Freitag kamen die drei Mädels direkt zur 5. Klasse, wo Michael und seine Kameraden auf den Klassenlehrer warteten. Anika nahm den überraschten Michael im Arm und sagte nur: „Danke, du hast einen guten Freund, der nun auch mein Freund ist. Er hilft, repariert Sachen und nervt mich nicht mit Handynachrichten. Immer wenn ich ihm schreibe, sagte er, dass wir uns lieber treffen sollen, als herumtexten. Voll cool, der Typ." Dann ging sie weg. Franka gab ihm die Hand und sagte, während sie ihm in die Augen schaute: „Ich bin dir sehr dankbar. Viele Jungen aus meiner Klasse haben sich für ihr Verhalten, bei mir entschuldigt. Selbst die drei Problemschüler sagen nichts mehr und lassen mich in Ruhe. Falls du mal Lust auf ein Eis hast. Melde ich bei mir." Sie gab Michael einen Zettel und ging dann mit ihrer Freundin Verena gemeinsam zu ihrer eigenen Klasse. Fatma kam auf Michael zu und sagte: „Bist du plötzlich ein Mädchenschwarm oder warum sind die Beiden gerade so nett zu dir gewesen. Will die mit der Brille vielleicht was von dir?" Michael schaute das Mädchen an, als der Lehrer kam und sagte dann nur: „Schon mal gesehen, dass die Mädchen aus den höheren Klassen, einen Jungen aus unteren Klassen, als Freund hatten?" Fatma verneinte, sagte aber dazu: „Einmal ist immer das erste Mal." Michael wurde rot, aber ging ohne Worte in das Klassenzimmer.

ENDE

Fazit

Es ist schon schlimm für Franka eine neue Brille zu bekommen, die ihr noch nicht einmal gefällt. Das man ohne Brille weniger sehen kann, ist für einige Kinder ein Problem und nicht selten, hören sie das Wort „Brillenschlange". Auch in dieser Geschichte werden viele Gemeinheiten über Brillenträger, genannt, um dann zu zeigen, wie schlimm Mobbing sein kann. Es reicht manchen Kindern, auch im realen Leben nicht, wenn man die Opfer mit Worten beschimpft. Manchmal werden sie auch körperlich bedroht. Das Traurige ist, dass auch die Täter, selbst in Ruhe gelassen werden wollen, wenn sie plötzlich das Opfer sind. Hier sorgen der Klassenstärkste und ein Junge aus der 5. Klasse. mit Kraft und Intelligenz für Ruhe und Gerechtigkeit. Im realen Leben helfen oft die Eltern und Lehrer, eine Lösung zu finden. Es ist dennoch wichtig, dass auch Mitschüler helfen können, das Problem zu lösen. Nur hat nicht jede Klasse einen Klassenstärksten, der für Ruhe und Gerechtigkeit in der Klasse sorgt. Das ist auch nicht seine Aufgabe, denn auch dieser Schüler soll, wie andere Kinder in der Schule lernen und Kind bleiben. Es bleibt also immer schwierig, wie man mit dem Thema „Mobbing" umgehen kann und wie man es verhindert.

Fragen zum Diskutieren:

Gibt es auch an deiner Schule „Mobbing"? Wie kann man dies verhindern?

Welcher Schüler aus der Geschichte ist dir sympathisch und warum?

In welcher Schulklasse darf man sich verlieben?

Lisa und Scott auf dem Gymnasium

Nach den Ferien war Lisa sehr sauer auf Scott gewesen. Sie haben sich nach der Grundschule, eigentlich, in den Ferien, zum Spielen treffen wollen. Am Telefon erfuhr sie nur kurz von Scott: „Wir fahren für 6 Wochen in die USA. Ich soll nun den amerikanischen Akzent kennenlernen und wie die Leute dort leben. Außerdem sollen die Strände in Florida sehr schön sein, meinte seine Mutter. Es tut mir leid, aber wir sehen uns ja nach den Ferien, Tschüss." Dann war das Gespräch beendet.

Lisa verbrachte die Ferien viel mit Katja und Susanne. Da musste sie plötzlich erfahren, dass nur Susanne mit auf das Gymnasium mitkommt. Katjas Eltern würden in eine andere Stadt ziehen und ihre Tochter, auch eine ganz andere Schule besuchen. Katja meinte: „Wir können trotzdem Freundinnen bleiben und Kontakt halten."

Drei Wochen später hörten Lisa und Susanne nichts mehr von ihrer Freundin. Egal wie oft sie schrieben, es kamen keine Antworten mehr. „Sie wird wohl neue Freunde in ihrer Schule gefunden haben.", meinte Susanne sehr traurig. „Wahrscheinlich.", antwortete Lisa knapp. Da sah sie ihren guten Freund Scott und beachtete Susanne nicht mehr. Sie ging wütend auf Scott zu und sagte: „ Du hast es versprochen und kurz danach wieder gebrochen. Schäm dich. Noch nicht mal gefragt wie es mir geht." Scott lächelte: „Nun, wie geht's dir?" „Das hilft dir jetzt auch nicht weiter, wenn du jetzt erst fragst. Zu spät, ganz einfach.", sagte Lisa, nahm ihre Freundin am Arm und zog sie mit sich. Scott blieb sehr ratlos zurück und verstand das Verhalten der Mädchen, wie z.B. von Lisa, gerade nicht. Er ging zum Klassenraum und plötzlich, schlug ihm irgendjemand feste, an die linke Schulter, wo er den Rucksack trug. „Na Alter kennst du mich noch? Ja, ich bin es, der Maik, der Klassenclown der alten Grundschule. Vielleicht werden wir jetzt sogar Freunde?" Scott sagte nichts und rieb sich die Schulter. „Ach komm schon. Wir sind jetzt auf dem Gymnasium. Da kommt nicht jeder hin. Lass uns Freunde werden und die alten Dummheiten vergessen.", redete Maik weiter. Scott gab ihm die Hand und sagte: „Okay, versuchen wir es."

Vor der Klassentür gab es viele neue Gesichter und einige, wenige bekannte Kinder. Susanne begrüßte Maik und Scott blieb passiv. Maik merkte sofort das Etwas, zwischen Lisa und Scott nicht stimmte: „Hey Lisa, habt ihr beiden Streit? Egal, wir sind jetzt auf dem Gymnasium. Lasst uns schlauer, als vorher sein. Vertragt euch. Ich bin jetzt auch mit Scott befreundet." Susanne erwiderte: „Ist das euer Ernst und eine gute Idee? Na ja, ihr Jungs müsst es besser wissen. Lass Lisa entscheiden, wie sie zu Scott ist, okay? Wir halten uns da raus." „Alles gut. Wir sind ja jetzt die besseren Menschen.", sagte Maik. Jetzt kam Lisa auf Maik zu, schaute ihm tief in die Augen und sagte: „Was hast du eigentlich immer für Sprüche? Das Gymnasium ist eine Schule, wie jede andere auch und wir sind alle, ganz normale Schüler. Darum sind wir doch nicht besser, als andere Kinder. Was sind dann Hauptschüler für dich, he? Ja, ganz genau auch nur ganz normale Schüler, richtig?" Maik schüttelte zwar den Kopf, aber schwieg.

Der Lehrer kam den Flur entlang und schloss das Klassenzimmer auf. Er nahm Platz, wartete bis die Klasse ruhig war und stellte sich dann, als Herr Fleißig vor. Er war sehr streng und meinte vor dem Ende des Unterrichts, dass nun eine Überraschung genannt würde. Im nächsten Jahr, kurz vor den Ferien, würden die Sportspiele stattfinden. Niemand aus der Klasse kannte sie. Es würde eine andere Schule gegen sie antreten. Das Gymnasium Herzanrat hätte oft, in der Vergangenheit, viele Spiele für sich gewinnen können und hoffte es, auch diesmal zu schaffen. Die Schüler und Schülerinnen treten gegeneinander, in den verschiedenen Sportdisziplinen an und müssten gut vorbereitet sein. Daher wird in der 5. Klasse ausnahmsweise, an drei Tagen Sport stattfinden, anstatt, wie üblich nur an einem Tag in der Woche, wegen der Sportspiele. Alle Kinder jubelten und freuten sich darauf.

In der Pause ging Scott auf Lisa zu und wollte mit ihr reden. Sie war aber damit beschäftigt, neue Kontakte mit, Sandy und Missi zu knüpfen, die in ihrer Klasse waren. Susanne sagte: „Lass ihr noch ein wenig Zeit. Wenn Mädchen auf Jungs sauer sind, dann dauert das, bis sie sich beruhigt haben. Du hättest ihr während des Urlaubs schreiben können, hast du aber nicht. Deswegen ist sie sauer." Scott meinte, er hätte ihr eine Urlaubskarte geschickt, aber das wäre wohl nicht genug gewesen.

Scott verbrachte dann die Pause mit Maik und anderen Jungs, beim Fußball spielen. Susanne sah den beiden Schülern zu und dachte lange nach, weil sie plötzlich nicht mehr so wichtig, für Lisa war. Ein anderes Mädchen kam dazu. Sie hieß Esra, so stellte sie sich vorhin, in der Klasse, wenigstens vor. Mit piepsiger Stimme sagte sie: „Die neue Schule verändert uns alle. Hast du das auch schon gemerkt?" Susanne nickte und zeigte auf Lisa: „In der alten Grundschule. waren wir die besten Freundinnen und nun, sieh selbst." Esra reichte ihr die Hand und sagte: „Wollen wir Freundinnen sein? Ich habe leider im Moment Niemanden, den ich kenne." Susanne merkte, dass die junge, piepsige Stimme des Mädchens trauriger klang. „Klar, warum nicht.", war ihre Antwort. Esra hatte ihr schönes Lächeln wieder. Dann klingelte die laute Schulglocke wieder zum Unterricht.

„Gutes Spiel, seid ihr schon in der Grundschule so ein gutes Team gewesen, Maik und Scott?", fragten die anderen Spieler. Maik gab wieder an: „Scott hatte nicht so den Durchblick, damals. Ich wusste natürlich von Beginn an, dass wir gute Freunde sein können." Scott blieb der Atem stehen, als er das hörte. Auf der Grundschule, wurde er von Maik, wegen seiner langen Haare verlacht. Jetzt, auf der neuen Schule, sollen sie plötzlich, ein super Team sein? Maik packte Scott am Arm und sagte dann: „Los Kumpel, ab zum Unterricht. Sonst verpassen wir noch das Beste." „Hatte sich Maik wirklich so verändert. Das wäre ja wunderbar.", freute sich Scott. Der restliche Schultag verlief normal.

Die nächsten Wochen wurden stressiger für die Schüler und Schülerinnen, der 5. Klassen des Gymnasiums. Es gab Hindernislaufen im benachbarten Laubwald, lange Marathons, Hochsprung und Weitwurf. Sie wechselten sich gegenseitig ab. Die strengen Lehrer sorgten dafür, dass alle diszipliniert mitmachten und so lange und hart trainierten, bis sie müde waren. Das einzig Beste war, dass es in diesem neuen Schuljahr fast keine Hausaufgaben gab. Susanne und Esra wurden sehr gute Freundinnen, während Lisa immerzu ihre ganzen Freundschaften wechselte. Scott und Maik waren sehr gut im Hoch- und Weitsprung. Deswegen übten sie diese Sportart besonders lange. Sie wurden immer besser und machten daraus. einen kleinen Extra - Wettkampf untereinander. Esra trat gegen Lisa beim 800 m Lauf an. Die Schnellste wird für das Gymnasium, bei den Sportspielen laufen, wussten sie.

Beide machten sich bereit und beim Pfiff rannte Esra los. Lisa blieb weit zurück und versuchte aufzuholen. Aber als Esra bereits 200 m hinter sich hatte, war Lisa bei Marke 100 m. Alle feuerten Esra an, auch Susanne. Lisa sah dies und wurde sauer. Während die Schnellere, Lisa noch eine Chance geben wollte und langsamer wurde, obwohl die Lehrer protestierten, passierte was Unerwartetes. Die arme Esra, rutschte auf einer kleinen Plastikfolie aus und knickte, mit ihrem linken Fuß, um. „Na, was machst du denn gerade auf den Boden. Schon müde und willst aufgeben?", fragte Lisa schadenfroh und rannte weiter. Auch als Esra, sehr laut vor Schmerzen schrie, achtete Lisa gar nicht auf sie, sondern beendete die 400 m Runde. Susanne war die Erste, die zu Esra kam und sie fragte, was mit ihr war. Die Lehrer kamen und riefen sofort einen Krankenwagen. Lisa dachte nur böse: „Das ist die Strafe dafür, mir die beste Freundin geklaut zu haben." Der Unterricht war dann, wegen dem Vorfall, beendet worden und alle durften eher nach Hause gehen. Susanne ging zu Lisa und fragte sie: „Kommst du mit mir ins Krankenhaus, um zu erfahren, wie es Esra geht und was sie hat?" Lisa antwortete nur hämisch: „Geh du ruhig alleine und halte der falschen Schlange, das Händchen." Susanne konnte leider gar nicht mehr fragen, warum ihre damalige Freundin so gemein war, denn Lisa rannte plötzlich, eilig nach Hause. „Susanne, ich komme mit.", rief Scott. „Ich auch", brüllte Maik. Susanne war froh nicht alleine zu gehen. Sie hatte aber immer noch nicht verstanden, warum Maik so oft in der Nähe von Scott war. Sie wird es wohl bald irgendwann herausfinden. Nun gingen sie alle zu Dritt ins Krankenhaus.

Dort angekommen, empfingen sie schon, zuerst die Eltern von Esra und dann, die freundliche Krankenschwester. Selbstverständlich durften die drei Schüler, Esra besuchen. „Kommt rein, ich habe nichts Ansteckendes.", winkte fröhlich, das lächelnde Mädchen, im Krankenhausbett. „Was hast du denn?", fragte Susanne, während Maik fasziniert die neue Bettsteuerung, an ihrem Bett ausprobierte. „Nun, mit einem umgeknickten Fuß, werde ich leider nicht bei den Sportspielen antreten können.", piepste Esra traurig. Scott hielt Esras Hand und sagte: „ Bleib bitte stark und werde wieder gesund. Laufen kannst du bei den Sportspielen wahrscheinlich nicht, aber vielleicht mit einer anderen Sportart." Danach ließ er ihre Hand los und stellte sich wieder neben Susanne. „Wir wünschen dir auf jeden Fall, eine gute Besserung und hoffen du kommst schnell hier raus. Ich vermisse dich jetzt schon.", meinte Susanne und nahm ihre beste Freundin, in dem Arm. Esra entging nicht, wie danach Susanne, die Hand von Scott nahm und sagte: „Kommst du auch?" Scott nickte und ließ sich führen. Maik gab Esra ein „High-Five" und sagte: „Du weißt schon, komm gesund wieder und erhol dich gut. Weiß steht dir übrigens gut." Während er lachend das Zimmer verließ, schmiss ihm Esra lachend, das Kissen hinterher und rief: „Du, Doofmann" hinterher.

Vor dem alten Krankenhaus sagte Maik plötzlich: „Seid ihr Beiden jetzt ein Paar?" Scott merkte, dass er immer noch Susannes Hand hielt. Er zog sie schnell weg und meinte nur: „Wie kommst du denn darauf?" Alle gingen getrennt, allein nach Hause und es wurde, bis zu den Sportspielen, nicht mehr über das „Händehalten" gesprochen.

Nach einigen Tagen, kam Esra wieder in die Schule. Sie saß ihm Rollstuhl und geschoben wurde sie von der Lisa. Susanne staunte nicht schlecht und hatte so viele Fragen. Neben ihr standen Maik und Scott, dessen Hand wieder von Susanne genommen wurde. Esra kam näher und sagte: „Lisa hat einfach darauf bestanden, mich zur Schule zu bringen. Sie wollte sich damit bei mir, für ihre ganzen, schlechten Sprüche und das unpassende Verhalten entschuldigen. Sie hat euch aber auch noch was zu sagen." Lisa wurde rot im Gesicht und fing an: „Ich war sehr sauer auf dich, Scott weil du nicht in den Ferien, für mich, da warst. Ich hatte mich in dich verliebt. Jetzt sehe ich, dass Susanne das wohl auch hat und ihr ein Paar seid. Nein, bitte nicht die Hand wegziehen, Scott. Es ist schon okay. Susanne, ich hatte dich schlecht behandelt und andere Mädchen vorgezogen. Es war alles so neu für mich, an dieser Schule. Ja auch für euch, das ist mir jetzt auch klar. Kurz gefragt, könnt ihr Beide mir das verzeihen?" Scott nahm Lisa im Arm und sagte: „Ich verzeihe dir, denn ich war auch kein Engel." Susanne kam dazu und nahm Lisa und Scott gemeinsam im Arm: „Es tut mir sehr leid, dass ich dir Scott weggenommen habe. Ich wusste davon nichts, dass du ihn auch mochtest. Ich verzeihe dir natürlich auch. Wir haben uns aber noch nicht geküsst, wenn du es wissen willst." Maik kam zu ihnen gelaufen: „Hey Esra, der Rollstuhl steht dir." Esra rollte mit den Augen und sagte: „Anscheinend passt bei mir alles gut, richtig Maik?" Er wurde sprachlos und ging neben ihr und Lisa zum Unterricht.

Scott ging direkt zum Lehrerzimmer und sprach den Sportlehrer ihrer Klasse an. Erst schüttelte dieser den Kopf, dann wurde er nachdenklich, ein wenig traurig und plötzlich nickte dieser. Scott schüttelte dem guten Lehrer, zum Dank die Hand und ging dann zum Klassenzimmer.

Alle Schüler waren gespannt und ruhig, als der Klassenlehrer Herr Fleißig mit der Liste in der Hand reinkam. Lisa und Susanne schauten sich freundlich an und waren froh, ihre Freundschaft erneuert zu haben. Herr Fleißig räusperte sich und sagte dann: „Aufgepasst, unsere Schule tritt dieses Jahr gegen die Realschule Maser an. Ich denke wir sollten diesmal wieder eine sehr gute Chance haben, aber wir lassen uns gerne überraschen. Ich lese nun eure Namen, die Disziplin und den Namen des Schülers, der anderen Schule vor, gegen den ihr antreten müsst. Ganz kurz sei noch gesagt, dass euer Scott unseren Sportlehrer dazu überredet hat, dass unsere Esra auch mitmachen darf." Alle staunten sehr und das Mädchen im Rollstuhl schrie „Hurra", war aber trotzdem verwundert, über diese Nachricht.
Danach war der Unterricht für alle vorbei und Lisa bestand darauf, diesmal wieder Esra nach Hause zu bringen. Susanne, Maik und Scott unterhielten sich und gingen gemeinsam heim: „Kugelstoßen gegen eine Sefra und du hältst Esras Rollstuhl dabei fest, Scott. Wahnsinn ist das.", sagte Maik. „Tamara wirst du aber locker im Hochsprung schlagen. Immerhin gewinnen Jungs oft gegen Mädchen und du bist groß.", meinte Susanne. „Maik gegen Markus im Weitsprung. Das wird ein Klassiker und natürlich gewinne ich. Wir sind das Gymnasium und das gewinnt immer.", gab Maik wieder an. Scott dachte sich: „Der Typ lernt es nie, aber was soll ich machen. Maik und seine Sprüche." Susanne sagte nur; „So macht es gut.

Wir sehen uns bei den Sportspielen und ruht euch bis dahin aus. Möge der oder die bessere Person gewinnen." Maik und Scott nickten und winkten dem Mädchen zum Abschied.

Fazit

Mit dieser Fortsetzungsgeschichte sieht man, wie Kinder nach dem Verlassen der Grundschule, mit den neuen Herausforderungen an einer neuen Schule zurechtkommen müssen. Freundschaften können kaputt gehen und neue entstehen. Hinzu kommt hier der Druck, die die Schule auf die Kinder ausübt. Ein wenig übertrieben, setzt in dieser Geschichte, das Gymnasium den Sport und den Erfolg bei den Sportspielen, an erster Stelle. Alle anderen Schulfächer sind unwichtig in der 5. Klasse. Im realen Leben wäre dies nicht richtig. Wissen lernen sollte immer das Wichtigste sein. Man sieht, dass durch diesen Druck, den die Lehrer, während des Trainings machen, die Schüler manchmal gegenseitig herzlos und unfair werden. Einige Freunde wie Susanne und Scott zeigen hier ganz klar, dass es wichtig ist, für Freunde da zu sein. Esra wird von den Beiden nicht im Stich gelassen. Maik ist hier der Junge, der ein Rätsel aufgibt. Manchmal freundlich, dann wieder ein Angeber und schließlich, immer in der Nähe von Scott. Warum das so ist, bleibt erst mal ein Geheimnis.

Fragen zum Diskutieren:

Wie wichtig findest du es, dass jeder Schüler bei den Sportspielen mitmachen darf?

Was könnte Maik sein Geheimnis sein?

Wie wird die Freundschaft zwischen Lisa, Esra und Susanne weitergehen.

Warum ärgert Maik, Esra so oft?

Der schlaue Michael (Teil II)

Michael wurde mit seinen 8 Jahren, jetzt zwar besser akzeptiert, aber die gute Klassenarbeit, war schnell bei einigen Schülern vergessen. Deswegen kam Sancho ein paar Wochen später auf Michael zu: „Eh Brille, das mit der Mathe-klausur war mega, aber hat mich und manche anderen Schüler, nicht ganz so überzeugt. Wir brauchen ständig solche guten Noten und zwar in allen Fächern." Michael hörte sich das in Ruhe an und sagte daraufhin: „Dann musst du, wie ich, einfach nur den Lehrern zuhören, die Themen lernen und die Hausaufgaben machen. Es ist nicht so schwer." Sancho wurde sauer und Fatma sah dies. Sie ging zu den Beiden und hörte zu. Sancho meckerte: „Du kannst uns auch einfach kleine Spickzettel machen und uns deine fertigen Hausaufgaben zeigen. Wie wäre das denn oder möchtest du etwa eine Abreibung." Michael wollte darauf reagieren, aber sofort stellte sich Fatma dazwischen: „Michael, Sancho meint doch nur, er braucht wieder Nachhilfe und ich auch. Kannst du da was machen? Außerdem Sancho, wenn du was willst, frag doch einfach, bevor du immer den Kindern mit Schläge und Drohungen kommst." Sancho antwortete schüchtern, weil er Respekt vor Fatma hatte: „Ja ok, ich brauche Nachhilfe." Dann kamen die anderen Schüler in die Klasse, weil nur Michael, Sancho und Fatma, die Pause in der Schulklasse verbracht hatten. Sie hörten sich das Gespräch der drei Kinder an. Michael, der einen Plan hatte, wovon niemand wusste, sagte: „Natürlich kann ich Nachhilfe geben, aber das kostet pro Tag nur 1 €, pro Person." Sancho sagte: „Du bist ein alter Raffzahn, warum machst du das nicht gratis, für einen so netten Schüler, wie mir?" Michael antwortete: „Ich habe meine Gründe, also abgemacht?" Die anderen Schüler hörten dies und legten jeder 1 € auf den Tisch von Michael. Diesmal waren es 29 Schüler, mit Fatma inbegriffen. Sancho war noch nicht ganz zufrieden und sagte: „Wie wäre es mit Rabatt? Ich möchte gar nicht so gerne mein Taschengeld benutzen." Es war Schweigen im Raum, aber dann hatte Michael eine Idee. „Wir machen ein Rätsel und jeder kann 5 € einsetzen und sogar wieder 5 € noch dazugewinnen. Wer macht mit?" Sancho und 14 weitere Schüler legten 5 € auf dem Tisch und Michael begann mit dem Rätsel: „Ich behaupte, dass „ich" fliegen kann und werde es auch beweisen. Wer es glaubt, hebt die Hand, ich notiere dann die Namen. Wer es nicht glaubt, der macht seinen Daumen nach unten. 5 Kinder behaupteten, dass Michael die Wahrheit sagt, die anderen 10 glaubten ihm nicht. Michael rechnete im Kopf eben nach:

15 Kinder geben mir 5 €, also 15 x 5 = 75 €

5 Kinder glauben mir, also bekommen sie ihre 5 € wieder und 5 € als Gewinn dazu:

5 Kinder x (5 € + 5 €) = ?
5 Kinder x (10 €) = 50 €

Mein Gewinn ist also 75 € - 50 € = 25 €.

Michael ging in Gedanken zu seinem Tisch und bastelte ein Papierflugzeug und schrieb, in der Mitte „Ich" rein. Er zeigte das Flugzeug seiner Klasse und ein enttäuschtes Stöhnen ging durch den Raum. Manche jubelten, über die 5 €, die sie nun dazugewonnen hatten, als Michael nun das Flugzeug durch das Klassenzimmer gleiten ließ. „Sancho, hier sind deine 10 €, die du dir redlich verdient hast.", sagte Michael freundlich zu ihm. Fatma war sauer, denn sie hatte Michael nicht geglaubt. „Hey Brille, du bist in Ordnung. Behalt das Geld, für die ersten tollen 10 Nachhilfetage.", erwiderte Sancho. Die anderen Schüler fühlten sie jetzt gekränkt und legten jetzt auch noch 9 € auf dem Tisch. „Im Chor sagten sie: „Wir zahlen auch schon für die ersten 10 Tage."

Michael verabredete sich nun 2-mal die Woche, im Cafe „Klara" und alle übten, für die ganzen Schulfächer. Die Besitzerin wunderte sich jedes Mal über die vielen Schüler, am Nachmittag. Trotzdem fand sie es gut, dass sie lieber lernen, als draußen irgendeinen Blödsinn zu machen. Zur Belohnung bekam jedes Kind einmal die Woche, während des Übens eine Kugel Eis, von ihr geschenkt.

Zwei Monate vor dem Ende des Schuljahres, war Michael sehr glücklich. Seine Klasse hatte ihn nun vollständig akzeptiert, auch Sancho, der zwar immer noch „Brille" sagte, dies aber auch ein freundlicher Spitzname für ihn wurde. Nun fing Michael wieder an zu rechnen:

42 Wochen x (2 Treffen pro Woche) = 84 Wochen

84 x 30 € (von 30 Schülern) = 2520 €

2520 € + 300 € (10 € von 30 Schülern am Tag der Wette) = 2820 €

Hinzu kommt noch die 150 € wegen der ersten Klassenarbeit: 2820 € + 150 € = 2970 €.

„Fehlen nur noch 30 € und die füge ich hinzu. Nun ist der Plan erfüllt und kann bald gelüftet werden.", dachte sich Michael stolz. Fatma kam deswegen einmal zu Besuch nach Michael nach

Hause und sagte: „Ich weiß, du hast uns allen sehr geholfen, aber trotzdem ist die ganze Klasse heimlich sehr sauer auf dich. Für jede kleine Hilfe nimmst du Geld. Ich verstehe das nicht, hast du Geldschulden?" Michael lächelte und schwieg. Fatma ließ nicht locker: „Ich gehe erst, wenn du es mir sagst." Michael versuchte alles um sie loszuwerden. Dann hatte er einen Trick, der zwar gemein war, aber er wollte sein Geheimnis nicht verraten. Jetzt noch nicht. Er ging vor ihr auf die Knie und fragte, während er sie ansah: „Willst du mich heiraten?" Fatma verschlug es die Sprache und sagte: „Dafür ist wohl das Geld gedacht. Ich muss dich enttäuschen. Wir sind noch Kinder und du „Raffzahn" bist außerdem der letzte Junge, den ich heiraten würde." Sie wurde sehr sauer und verließ wütend die Wohnung. Michael blieb zurück und las ein paar Minuten später sein Buch, über neue wissenschaftliche Erkenntnisse weiter.

ENDE

Fazit

Schon wieder hat der schlaue Michael ordentlich Geld verdient. Während man ihn eigentlich in einer anderen Geschichte, als netten Jungen, der auch älteren Kindern hilft, gesehen hat, macht er in seiner eigenen Klasse, nur Etwas gegen Geld. Als man ihn darauf anspricht, schweigt er oder macht seiner lieben Schulkameradin, sogar einen Heiratsantrag. Was ist nur mit Michael los und wie reagiert seine Klasse darauf wenn der in der 6. Klasse so weitermacht? Er bleibt also weiter sehr geheimnisvoll. Wenn man denkt, man kennt Michael, wird man wieder von einem anderen

Verhalten, von ihm, plötzlich zum Nachdenken gebracht.

Fragen zum Diskutieren:

Warum benötigt Michael genau 3000 € für seinen Plan?

Was könnt sein Plan sein?

War das mit dem Heiratsantrag nur ein Trick oder hatte Fatma nun das Geheimnis gelüftet?

Wird Michael auch in der 6. Klasse mit diesem Verhalten von seinen Mitschülern unterstützt? Was könnte die Alternative sein?

Wissen die Lehrer eigentlich, was die Schüler mit Michael machen? Begründe seine Meinung.

Sina und die Sportspiele (Part II)

Endlich ist es soweit, denn Sina ist schon seit einer Stunde wach und kann nicht mehr schlafen. Der Wecker am Bett klingelte. Sie stand sofort auf und nahm eine lange, warme Dusche. Die Sportsachen lagen schon auf dem Stuhl bereit, die ihre lieben Eltern, schon am Abend vorher herausgesucht hatten. Tamara rief plötzlich an. Sina ging ans Telefon und hörte dann sofort eine fordernde Stimme: „Wie sieht es aus. Kommst du runter. Du kneifst doch hoffentlich nicht. Heute ist der große Tag, wofür du die ganze Zeit trainiert hast." „Nur die Ruhe, ich brauche noch etwa 10 Minuten. Ich kann schlecht mit einem Badetuch als Kleidung herumlaufen.", antwortete Sina genervt. „Beeil dich", kam als Antwort und dann wurde das Gespräch beendet.

Unten erwartete sie bereits Tamara und Sefra. „Gut siehst du aus, Sefra", lächelte Sina. „Du auch und jetzt kommt. Ja, auch Tamara sieht gut aus. Ich sehe ja schon ihr beleidigtes Gesicht.", entgegnete Sefra, Gut gelaunt gingen sie zum Bus, in Richtung der Gesamtschule Estrakas, der sein neues Sportstadion, als neutralen Ort, zur Verfügung stellte. Dort sollten die Sportspiele stattfinden.

Lisa war schon sehr früh aufgestanden, hatte sich schnell gewaschen und angezogen und dann eilig, auf dem Weg zu Esra gemacht. Das machte sie schon seit Wochen so, aber Esra hatte nichts dagegen. Sie wartete bereits auf Lisa und konnte schon, auf Krücken gehen. Scott, Susanne und Lisa hatten sie aber überredet, bei den Spielen im Rollstuhl aufzutauchen, damit sie bei dem Sport des Kugelstoßens, keine Probleme hätte. Also setzte sich Esra in den Rollstuhl und ließ sich zur Bushaltestelle fahren. Dort trafen Lisa und Esra, auf Scott und Maik. Sie waren alle schon nervös und wunderten sich, wo Susanne blieb. Als der Bus zur Gesamtschule Estrakas kam und seine Türen öffnete, schaute Susanne raus: „Na, da seid ihr ja. Kommt rein und los geht es zu den Sportspielen." Sie half sogar Lisa, Esra, mit ihrem Rollstuhl, in den Bus zu tragen.

Der Bus war richtig voll und Esra musste sich in dem vollen Bus, mit ihrem Rollstuhl, durch die ganzen Kinder kämpfen, bis sie an den Platz, der für Rollstühle bereitstand, ankamen. Sportlieder, die alle motivieren sollten, wurden von einigen Schülern gesungen: „Seid nur Schnecken? Nein! Seid ihr Esel? Nein! Wir sind die Kinder, die schneller, als große Gazellen laufen, höher als Kängurus springen und lauter als Fußballfans im Stadion singen." Der Busfahrer, der eigentlich seine Ruhe haben wollte, ließ an dem heutigen Tag die Kinder singen. Es sollten irgendwelche Sportspiele stattfinden, die nur einige Schulen austragen würden, so hatte er gehört.

An dem Sportstadion der Gesamtschule Estrakas stiegen alle Kinder, aus dem Bus aus. Das Bild, was sich Allen bot, war atemberaubend. Nicht nur viele Eltern und Lehrer standen davor, sondern es war ein ganzes Fahnenmeer auf dem Vorplatz zu sehen. Das leuchtende, gelbe Symbol der Gesamtschule Estrakas war sogar am Stadion aufgehängt. Darunter stand ein Text „Wir mögen die Sportspiele. Also viel Spaß und Freude an alle Besucher und Teilnehmer." Auf einem hohen Podest stand eine junge Frau, mit Brille und langem schwarzen Haaren, die mit mehreren Eltern sprach und manchmal auch lachte. Überall waren Eisstände, Ballons und Imbisswagen zu sehen. Ein Junge kam manche Kinder zu und fragte sie: „Zuschauer oder Teilnehmer? Welche Schule und Klasse seid ihr?" Danach vergab er ein Ticket. Manche waren blau und einige Karten waren rot. Er ging danach zu den gerade angekommenen Kindern.

„Na, seid ihr Zuschauer oder Teilnehmer?" fragte er. Lisa sagte: „Wir sind alle vom Gymnasium Herzanrat, also Teilnehmer und in der 5. Klasse." Der Junge nickte und schaute auf eine dicke Liste. Er gab allen Kindern eine blaue Karte, nur Esra erhielt ein rotes Ticket. „Wofür ist das rote Ticket?" hakte Esra nach. „Na, du bist doch ganz klar eine Zuschauerin." Maik ging ganz nah an den Typen ran und sagte: „Stimmt was mit dir nicht? Sie steht auch auf der Liste und macht beim Kugelstoßen mit. Also schau nach. Jetzt!" Esra zog ihn am Arm und beruhigte Maik. Der Junge mit der Liste, war nun eingeschüchtert, gab dem Mädchen im Rollstuhl die andere Farbe und sagte: „Ok, verzeih. Man wird doch auch mal Fehler machen dürfen." Danach ging er weiter und schaute noch einmal hinter sich, ob Maik ihm nicht hinterherlief. „Du musst lernen freundlich zu diskutieren, Maik. Immer Ärger zu provozieren ist keine Lösung.", sagte Esra ganz herzlich. Maik beruhigte sich und wollte ihr darauf antworten, aber da hörten sie plötzlich ein lautes Poltern. Die schwarzhaarige Frau am Rednerpult hatte nun auf das Mikro geklopft, um volle Aufmerksamkeit zu bekommen. Sie begann ihre Rede, wobei manche Kinder ein provoziertes Gähnen vortäuschten:

„Liebe Schüler, liebe Eltern, also Alle, mein Name ist Barbara Trickser, die liebe Direktorin, dieser schönen und bekannten Gesamtschule Estrakas. Wieder einmal beginnen die Sportspiele, unter schönem, blauem Himmel. Ihr freut euch sicher auch bestimmt auf diesen Tag und wollt eure Leistungen zeigen, bei dem tollen Sportspielen. Ich heiße euch alle, heute herzlich, auf unserer schönen Gesamtschule willkommen. Leider sind wir dieses Jahr der Veranstalter und können nur zusehen, dürfen aber traurigerweise, selbst nicht mitmachen. Deswegen stelle ich euch nun die eine wichtige Frage, wo es nur zwei Antwortmöglichkeiten gibt. Für „ja" brüllt ihr „Yeah, wir sind bereit" und für „nein" flüstert ihr „Och ne".

Es trat eine kurze Pause ein, wo man die Vögel zwitschern und den Wind, in den vielen Fahnen hören konnte. Die Spannung stieg und bevor die ersten Personen unruhig wurden, kam plötzlich von dem Podest eine laute und grelle Stimme:

„HABT IHR GUT TRAINIERT UND SEID IHR BEREIT; DIESE LEISTUNG UNS UND EUREN ELTERN BEI DIESEN SPIELEN ZU ZEIGEN?"

Sofort erhallte der ganze, große Vorplatz mit einem donnernden Rufen und mit zustimmenden Pfiffen: „YEAH, WIR SIND BEREIT!" Es gab auch ein paar Spaßvögel, die auch „Och ne" flüsterten. Dann erkannten sie plötzlich den Trick der Frau. Die ganzen Zuschauer hören nur das sehr laute Geschrei und das Flüstern wird nicht gehört.

Die Frau war auf dem Podium hob plötzlich beide Hände über den Kopf in die Luft, machte eine „Hereinkommen-Geste" mit den Händen und rief in die begeisterte Menge: „Na, worauf wartet ihr noch. Kommt rein und zeigt uns, was ihr könnt. Drinnen sind Schilder und die Personen daneben helfen euch. LIEBE ELTERN GEBT NUN EINEN GROßEN APPLAUS, AN EURE KINDER; DAMIT SIE MIT IHREN MUT NICHT VERLIEREN. VIEL SPASS UND GLÜCK, WÜNSCHE ICH ALLEN."

Ein Riesenapplaus kam von den Erwachsenen, während die Kinder langsam mit großer Freude, ins Stadion gingen.

Sina drehte sich nochmal um und winkte ihren Eltern zu, die nachträglich, mit ihrem Automobil gekommen waren. Ein paar Personen führten ihre Mutter und ihren Vater aber bereits, auf einen anderen Weg, ins Stadion rein. Sefra und Tamara sahen, wie ein anderes Mädchen, eine Rollstuhlfahrerin ins große Gebäude hineinfuhr. „Ob vielleicht irgendjemand von uns, gegen das Mädchen im Rollstuhl antreten muss? Das wäre ja irgendwie unfair. Ich finde es trotzdem toll, dass sie den Mut hat, teilzunehmen.", sagte Tamara. Sina schaute zu Esra und antwortete daraufhin: „Bei diesem Sport sollte jede Person mitmachen dürfen, die Lust dazu hat. Ich denke, es wird eine Disziplin auch für das kleine, arme Mädchen geben." Sefra ging zu der Gruppe hin, die an dem Schild der „Realschule Maser stand". „Es tut mir sehr leid, dass du im Rollstuhl sitzt. Wie ist das passiert, dass du leider, nie wieder laufen kannst.", fragte Sefra. Esra schwieg kurz und reichte dann ihren Arm an Maik. Er hob sie auf die Füße. Dann sagte Esra: „Ich habe Glück und kann bald wieder laufen. Ich habe nur einen umgeknickten Fuß. Ich mache statt beim 800 m Lauf, diesmal beim Kugelstoßen mit. Da Ich aber noch auskurieren muss, sitze ich kurzzeitig im Rollstuhl. Ach ja, ich bin übrigens beim Training ausgerutscht." Sefra wurde sofort ein wenig rot im Gesicht und erwiderte kurz: „Gute Besserung und viel Erfolg. Ich heiße Sefra." Als Sefra gerade gehen wollte, bekam sie den Namen „Esra" zu hören. Sie ging danach schweigend zu ihren Freunden und sagte dann: „ Ich muss gegen das arme Mädchen im Rollstuhl beim „Kugelstoßen" antreten. Was soll ich jetzt tun? Gebe ich Alles, verliert sie und ist traurig. Lass ich sie gewinnen, dann merkt sie das auch sofort und es ist unfair zugleich." Tamara und Sina hörten sich lange das Problem an, aber dann zuckten sie die Schultern. Das bedeutet nur, dass sie das Problem ihrer Freundin, leider nicht lösen konnten. Es wurde deswegen, darüber nicht mehr gesprochen, weil nun die Einweiser, die an den Schildern standen, die Schüler und Schülerinnen nach den Sportdisziplinen einteilten und alle Kinder, von denen die verschiedenfarbigen Sport T-Shirts bekamen. Dann nahm jedes Kind, einen Klettstreifen und einen Stift, um ihren ganzen Vornamen darauf zu schreiben.

Lisa zeigte ihr Shirt ihren Freunden und sagte: „Gelb für die 800 m Läufer." Susanne lächelte: „Nein, Gelb für alle Läufer, denn ich mache ja den 400 m Lauf." Lisa war ein wenig beleidigt, weil ihre anderen Freunde verschiedene Shirt-Farben hatten. Scott schaute sich sein blaues Shirt an, während Maik sich über rosa nicht so freute. Esra war mit grün auch nicht zufrieden.

Die Schüler der Gesamtschule Estrakas waren sehr hilfsbereit und fleißig. Sie gaben die T-Shirts aus, führten die Teilnehmer der Sportspiele an den richtigen Platz, beantworteten freundlich Fragen und gaben an einigen Stellen, sogar Snacks und die Getränke aus. Das Stadion hatte derzeit eine enorme Lautstärke, weil sich die meisten Eltern und Lehrer als Zuschauer, bereits auf ihren Sitzplätzen befanden und sehr laut und gut unterhielten.

Währenddessen lernten sich die Athleten der verschiedenen Schulen kennen und unterhielten sich. An dem Getränkestand stand ein kleiner

Junge mit Brille und sagte jedes Mal: „Hallo ich heiße Michael. Was möchtest du trinken." Sefra nahm eine Sportlimo und fragte, was da drin sei, weil sie das Getränk nicht kannte. Michael sagte: „Ich bin wahrscheinlich der Einzige, der die Flaschenetiketten liest. Da drin ist nur Wasser, Zitronensaft und Traubenzucker. Aber was ist los, du siehst so nachdenklich aus?" Sefra staunte, denn dieser Junge sprach, als wäre er 18, sah aber aus, wie 9 oder 10 Jahre. Sefra erklärte ihm, das Problem, mit dem Mädchen im Rollstuhl, gegen die sie antreten soll. Michael fragte nur: „Nun, was würdest du wollen, wenn du das Mädel im Rollstuhl wärst?" Sefra überlegte und schwieg. Danach war ihre Antwort total klar: „Ich würde einen fairen Wettkampf haben wollen und kein Gewinn durch Mitleid." Michael nickte und sagte: „So einfach hast du dein Problem gelöst. Denke einfach, du bist die andere Person." Sefra war ein Stein vom Herzen gefallen und gab dem Michael, zum Dank einen Kuss auf die Wange. „Vielen Dank, du bist ein „schlauer Michael". „Danach ging sie wieder zu ihren Freundinnen. Michael blieb verwundert zurück und dachte danach nur: „Versteh mal einer die Mädchen."

Maik rannte mit seinem rosa T-Shirt direkt zu einem anderen Jungen, mit der gleichen Farbe. Er hieß Markus und war gar nicht so freundlich: „Weitsprung gegen mich? Dann gib doch gleich auf und spar den Zuschauern, deine peinliche und sinnlose Vorstellung." Maik hatte die Worte von Esra im Kopf, nicht bei jeder Gelegenheit auszurasten und gab nun als Antwort: „Möge der Bessere gewinnen" und ging zur Getränkebar.

Nach einigen Minuten kam durch die riesigen Stadionlautsprechern eine hohe, laute Stimme: „Wir sind der Chor der Gesamtschule Estrakas und singen nun die Hymne der Sportspiele, die seit Jahren, immer wieder vor den tollen Spielen gespielt wird. Also aufgepasst und mitsingen." Alle Zuschauer und Teilnehmer waren ruhig und gespannt und hörten dem Chor auf der hohen Tribüne zu. Musik erklang im Hintergrund aus einem Player, dann fing der Chor an zu singen:

Die Sportspiele sind sehr bekannt und deswegen kommen alle angerannt.
Sie sind extra für uns Schulkinder gemacht, wer hätte das gedacht.
Wir lieben den Sport und wollen es allen zeigen und zwar sofort.

Refrain:
Wer sind wir? Was wollen wir? Warum sind wir hier? Wir sind Schulkinder, bei den Sportspielen und gewinnen wollen wir.

Unsere Eltern denken wir sind klein, aber das ist nicht fein.
Wir sind schon zu groß und passen nicht mehr auf ihrem Schoss.
Deswegen werden wir hier große Leistung bringen, dabei werden wir dann singen:

Refrain:
Wer sind wir? Was wollen wir? Warum sind wir hier? Wir sind Schulkinder, bei den Sportspielen und gewinnen wollen wir.

Ob wir als Sieger oder Verlierer nach Hause gehen, ist egal. Man hat uns hier gesehen.
Denn die Sportspiele sind gesund. Er macht den Körper kräftig und nicht rund.
Wir wünschen allen viel Spaß, denn die Sportspiele werden wieder krass.

Refrain:
Wer sind wir? Was wollen wir? Warum sind wir hier? Wir sind Schulkinder, bei den Sportspielen und gewinnen wollen wir.

Der Refrain wurde noch mehrmals mit lautem Gesang von den meisten Kindern und den Erwachsenen mitgesungen. Danach gab es einen langen und riesigen Applaus, für den Chor. Es folgte ein großer Sirenenton und ein nettes Kind aus dem Chor trat daraus hervor. Es war ein kleines Mädchen, mit langen, blonden, lockigen Haaren. Mit engelhafter Stimme rief es in das Mikrofon: „Nun ist es soweit. Die Spiele beginnen und die Teilnehmer werden zu ihren Disziplinen geführt. Wir wünschen nun viel Freunde, bei den diesjährigen Sportspielen und auch viel Glück." Es gab einen großen Applaus und danach wurde zuerst der „800 m Lauf angesagt"

Sina flüsterte ihrer Freundin Tamara zu: „Ich bin nervös und meine Beine fühlen sich so schwer an. Wie schnell war ich denn damals bei 400m?" Tamara überlegte und sagte: „Denk einfach, wir sind auf unserem Sportplatz und niemand schaut zu. Die Zeit ist unwichtig, weil du das Doppelte läufst. Ich glaube ca. 1:23 Minuten, aber sicher bin ich nicht. Du schaffst das." Sie klopfte Sina auf die Schulter und Sina wurde mutiger und ging zur Laufbahn.

Lisa hatte ebenfalls Unterstützung ihrer Freunde bekommen. Sie hielt von Esra eine kleine Münze als Glücksbringer in der Hand. Esra hatte für jeden ihrer Freunde, eine Art Glücksbringer mitgebracht. Für sich selbst hatte sie sogar einen Teddy, als Schlüsselanhänger dabei.

Lisa und Sina standen nebeneinander. Sie sahen noch zwei andere Kinder neben sich. Lisa fragte Sina: „Wer sind die beiden anderen Kinder? Ich dachte nur unsere beiden Schulen treten gegeneinander an?" Sina lachte: „Ich habe das am Anfang auch gedacht, aber ich habe, das Mädchen am Eisstand, auch danach gefragt. Sie sagte mir, dass immer zwei Schulen gegeneinander antreten, aber insgesamt kommen vier Schulen zu den Sportspielen. Es gibt also zwei unabhängige Sieger-Schulen. Diejenige Schule die aber bessere Ergebnisse bekommt, erhält einen Extrapokal." „Warum wurde uns das nicht von Beginn an erzählt?", fragte Lisa. Sina zuckte mit den Schultern und sagte nur: „Viel Glück, aber denke, ich bin sehr schnell." Lisa sagte:" Wir werden sehen."

Dann rief der Lehrer an der Seite, dass sich nun alle an der Startlinie aufstellen sollen. Es wurde bis drei gezählt und dann ertönte eine laute Sirene aus den Stadionlautsprechern. Das war das Startsignal. Alle vier Teilnehmer liefen gleichzeitig los. Der Junge aus der anderen Schule blieb sehr weit hinter dem anderen, unbekannten Mädchen. Sina mit ihren langen Beinen, war nach kurzer Zeit an erster Stelle. Lisa wollte ein wenig Energie sparen und war, zwischen Sina und dem anderen Mädchen. 200 m waren nun geschafft, aber das holte der Junge auf und war direkt hinter Lisa. Sina hatte den Abstand sogar noch vergrößert. Nach 400 m wurde sie aber etwas langsamer. Nun dachte Lisa alles geben zu müssen und verringerte sofort den Abstand. Das unbekannte Mädchen kämpfte nun gegen den Jungen um Platz 3. Nach 500 m waren Sina und Lisa gleich schnell. Lisa wurde unfair und sagte zu Sina: „Gib auf, gib auf." Sina, die noch ein schwaches Selbstbewusstsein hatte, fing an zu zweifeln. Ihre Gewichtsabnahme war noch nicht so lange her. Sie wurde müde und dachte wirklich darüber nach aufzugeben. Sina hatte nur für 400 m geübt und nicht, für die doppelte Strecke. Sie wurde langsamer und Lisa lief an ihr vorbei. Lisa freute sich über ihren Erfolg und hatte kein schlechtes Gewissen. Sina lief immer noch und kam ins Grübeln. Der Junge hinter ihr näherte sich bereits. „Was hatte der Junge mit der großen Brille, ich glaube, er hieß Michael, sie gefragt?" Sie hatte ihm nämlich erzählt, dass sie vorher dick war und wie sie Angst hatte, ihre Freundinnen dadurch zu verlieren. Er hörte ihr aufmerksam zu. Ihr fiel die Frage nicht sofort ein. Sie sah, wie Lisa 50 m weiter war und der fremde Junge, bereits neben Sina war. Plötzlich kam wie ein Blitz die Frage wieder in ihrem Kopf: „Für wen hast du eigentlich wirklich abgenommen und für wen tust du das heute hier?" Sina war zuerst sprachlos und verstand die Frage nicht. Dann fiel ihr wieder die Antwort ein. Noch 200m, dann war das Ziel für Sina da und Lisa brauchte nur noch 150m. Lisa hatte bereits starke Seitenstiche und ihre Füße brannten, da hörte sie von hinten ein Geschrei: „Für mich! Nur für mich. Ganz alleine für mich." Sie drehte sich um und ihre Augen wurden groß. Das Mädchen von der Realschule, kam wie ein Blitz angerannt und näherte sich rasend schnell. Den Jungen hatte sie bereits überholt. Lisa versuchte jetzt noch alle Reserven rauszuholen. Nur noch 100m und der Abstand zwischen Sina und Lisa wurde immer kleiner. Die anderen beiden Schüler begnügten sich bereits mit Platz drei, für den Jungen und Platz vier, für das Mädchen. Die letzten 50m standen an und Lisa und Sina liefen wieder nebeneinander. Lisa versuchte es nochmal mit dem, Trick und sagte: „Gib auf, gib auf." „Niemals" kam als Antwort zurück und Sina sah nun siegessicher aus und rannte Lisa davon. Am Ziel angekommen, bekam die kleine Sina einen riesigen Applaus, von dem Publikum. Sie freute sich zwar darüber, aber in ihrem Kopf war immer noch der Satz: „Für mich! Nur für mich!"

Lisa kam als Zweite ins Ziel und danach der Junge und das andere Mädchen. Durch den Lautsprecher kam ein Dröhnen: „Wahnsinn, 3:50 min. für den ersten Platz und 3:55 min. für den zweiten Platz. 4:05 min. Platz drei und 4:15 min. für die junge Dame auf den letzten Platz. Lisa wollte Sina beglückwünschen, aber sie winkte ab. „Ich mag leiedr keine unfairen Gegner. Lass mich einfach in Ruhe.", antwortete Sina und ließ Lisa alleine dort stehen.

„Die nächste Disziplin ist der Hochsprung", kam es wieder aus den Stadionlautsprechern. Tamara und Scott reichten sich die Hand und wünschten sich Glück. Tamara war 10 cm größer als Scott, aber ob das bei dieser Disziplin einen besseren Vorteil bringt? Die Anweisungen waren vom Lehrer ganz klar. Jeder Schüler durfte dreimal springen und das beste Ergebnis zählt. Auch hier waren zwei Kinder, einer anderen Schule dabei. Es wurde nun abwechselnd gesprungen. Zuerst sprang Scott (0,99 m) und Tamara (0,95 m). Die anderen beiden Kinder waren etwas kleiner und sprangen jeweils (0,85 m) und (0,90 m).

Beim nächsten Sprung war Tamara besser mit (1,05m). Sie glaubte nun, der erste Sprung war schlecht, wegen ihrer Nervosität, gewesen. Das war bei Scott anscheinend auch so, denn er sprang nur (1,01 m). Die anderen beiden Kinder trafen leider die Stange und die Sprünge wurden nicht bewertet.

Der letzte Sprung war bei Tamara (1,04 m) und bei Scott (1,02 m). Die anderen Schüler hatten (0,87 m) und (0,89 m). Eins hatte sich verbessert und das andere Kind leider verschlechtert. Tamara hob die Arme und freute sich, über den Sieg. Scott beglückwünschte sie dann, mit einer Umarmung. Danach trennten sich ihre Wege, unter einem erneuten Applaus aus der Menge.

„Musstest du das Mädchen unbedingt umarmen? Hätte nicht ein Handschlag gereicht?", musste sich Scott, von Susanne anhören. Scott sagte nichts und dachte sich nur „Typisch Mädchenprobleme".

Tamara und Sina waren bereits sehr glücklich über ihren Sieg und sagten zu Sefra: „Du schaffst das auch." Sefra wollte nun auch alles geben und ebenfalls einen Gewinn nach Hause bringen. Die kleine Esra im Rollstuhl, wird das schon irgendwie verstehen.

„Nun folgt Kugelstoßen und daher bitte zur Mitte kommen. Viel Erfolg an die Teilnehmer.", ertönte es aus den Lautsprechern. Scott wollte gerade Esra mit dem Rollstuhl zum Platz fahren, da stellte sich ihm Maik in den Weg. „Nicht dein Ernst, gerade Hochsprung hinter dir und dann willst du einen Rollstuhl halten? Du bist jetzt gerade sehr geschwächt. Sie braucht einen starken Typen, alles klar?" Scott schaute auf Esra runter und sie nickte. Maik packte sich den Rollstuhl und fuhr ihn langsam auf das Feld. „Meinst du, ich schaffe das?", fragte Esra? Maik sagte: „Unsere Schule hat noch keinen Sieg bis jetzt erreicht. Du scheinst die einzige Hoffnung zu sein. Denk dir den verdammten Stuhl weg und zusammen schaffen wir das locker." „Warum bist du eigentlich so nett zu mir? Ist das Mitleid? Du weißt, ich kann in ein paar Tagen wieder laufen.", sagte Esra. „Ich verrate dir mein Geheimnis, wenn du das Spiel heute gewinnst. Okay." Esra wurde nachdenklich, aber konzentrierte sich auf die Sportdisziplin.

Der Lehrer erklärte Ihnen, dass sie bei dieser Disziplin, drei Versuche hätten. Es wird mit einem Ball geworfen, der 1kg Gewicht hat. Der weiteste Wurf zählt. Sefra begrüßte alle Teilnehmer und auch Maik. Der Lehrer fragte: „Nun, was machst du hier. Es sollen nur vier Kinder hier stehen?" Maik sagte witzig: „Ich bin ihr Chauffeur, ist doch klar." Der Lehrer wollte gerade eine Diskussion starten, da kam ein anderer Lehrer hinzu. „Alles in Ordnung, das ist abgesprochen." Dann ging es los. Neben Sefra und dem Mädchen im Rollstuhl, waren noch zwei andere Mädchen bei.

Sefra warf als Erste und hatte ganze (6,40 m) geschafft. Das Mädchen mit den roten Haaren warf (6,30 m) und die Braunhaarige (6,40 m), wie Sefra. Esra warf nur 6,35 m).

Der zweite Wurf endete mit 6,45 m, für die Braunhaarige und für Sefra. Die Rothaarige warf 6,38 m). Maik sagte zu Esra: „Du vertraust meiner Stärke nicht und denkst ich lasse dich umkippen. Deswegen wirfst du nicht richtig." „Na ja, ich bin schwer und ein wenig Angst habe ich schon." „Los gib alles, ich halte dich, wie einen Fels.", ärgerte sich Maik sehr. Daraufhin warf Esra (6,65 m) und freute sich darüber.

Danach kam für alle der letzte Wurf und Sefra wollte nun unbedingt gewinnen. Sie gab sich Mühe und warf (6,70 m), genauso weit danach auch die Braunhaarige. Sefra regte sich auf und wollte den Sieg nicht teilen. Das rothaarige Mädchen hatte keine Kraft mehr und warf nur (5,30 m). Esra sagte zu Maik: „Ich schaffe es nicht weiter, werde ich also dein Geheimnis nie erfahren?". Maik sagte: „Mädchen, du schaffst das. Du hast die ganze Zeit deine Arme mit meinen Hanteln daheim trainiert, die ich dir geliehen habe." Esra war traurig und Maik merkte das. Er sah in ihre braunen, leuchtenden Augen und sagte: „Okay, okay, ich mag dich sehr gern und würde, mit dir, ein Eis essen gehen wollen. Ich mochte dich schon, bevor du verletzt wurdest und nicht erst, durch den Rollstuhl. Jetzt weißt du es und deswegen gib jetzt wirklich alles. Schmeiß das verflixte Ding, bis zum Mond und vertraue mir." Esra wurde plötzlich viel glücklicher und mutiger. Sie vertraute nun Maik völlig und nahm alle Kraft zusammen. Sie warf den Ball mit aller Kraft und der Rollstuhl fing plötzlich an zu kippen. Aber schon nach 30° Grad hatte Maik sie mit seinen starken Armen wieder ins Gleichgewicht gebracht. Der Ball flog weiter als die anderen Bälle und landete bei (7,05 m).

Ein langes Schweigen entstand und Esra reckte die Arme hoch. Aus dem Stadionlautsprecher grölte eine Stimme: „Das ist ja unglaublich und nicht zu glauben. 7,05 m und das aus einem Rollstuhl geworfen. Was für ein Erlebnis. Einen riesigen Applaus, für die mutige Teilnehmerin." Ein großes Trommeln mit den Füßen und klatschen, mit positiven Pfeifen, ging durch das Stadion.

„Die anderen Ergebnisse lauten, Platz zwei mit (6,70 m) für Sefra und Tanja. Letzter Platz für Sandra mit (6,38 m)." Dann schwieg die Stimme wieder. Sefra beglückwünschte auch die beiden Mädchen, Sandra und Tanja, aber Esra und Maik umarmten sich gerade und wollten nicht gestört werden.

„Ich mag dich auch.", sagte Esra zu Maik und gab ihm einen Kuss. Maik machte jetzt auf cool und sagte: „Nun wollen wir mein Mädchen wieder zu ihren Freundinnen bringen." Esra rollte mit den Augen und dachte nur „Typisch Jungs, immer wollen sie cool wirken. Versteh die mal jemand."

Dann war erst einmal eine kleine Pause für alle Personen eingeplant, so wurde es ihm Stadion erklärt. Im Hintergrund lief nun, ruhige klassische Musik und es fing eine große Unterhaltung an.

Lisa sprach mit Scott und meinte: „Wusstest du davon, dass Maik und Esra sich mögen?" Scott antwortete: „Ich habe es vermutet, aber gewusst habe ich es nicht. Er ist zu mir auch seit Schulbeginn so nett zu mir und habe bis heute nicht herausgefunden, warum?" Esra und Maik kamen auf die Freunde zu und Susanne hatte gerade für jeden von ihnen, ein Eis mitgebracht. „Bei dem schönen Wetter, braucht ihr doch eine Abkühlung oder?", sagte sie fröhlich und gab Scott einen Kuss auf die Wange, als sie ihm sein Eis, mit ihrer Hand reichte. „Du bist gleich bestimmt an der Reihe, Susanne.", meinte Lisa. „Du bist die letzte Chance für unseren Sieg.", rief Maik. „Du Spinner, es sind noch ein paar andere Schüler aus unserer Klasse da mit ihren Disziplinen und die können auch gewinnen.", meinte Esra. Damit hatte sie Recht und so musste Susanne noch einige Stunden warten, wo auch wieder Pausen viele eingebaut waren bis sie endlich dran war.

Denn vorher war noch Maik, mit seinem rosa T-Shirt vom Gymnasium Herzanrat und Markus, von der Realschule Maser, dran.

„Nun folgt der klassische Weitsprung", hallte es durch das Stadion. Maik hasste immer noch sein T-Shirt, aber konzentrierte sich auf seine Sportaufgabe. Markus kam mit stolzer Brust zum Lehrer und sagte: „Ihr könnt schon verkünden, dass Markus gewonnen hat. Gegen diese kleinen Gartenzwerge gewinne ich locker." Der Lehrer zeigte Markus seinen Platz und hörte gar nicht mehr hin. Maik fand, dass der arrogante Typ, auf keinen Fall gewinnen durfte. Deswegen wollte er auch seine ganze Körperkraft für den Weitsprung einsetzen. Die anderen beiden Mädchen waren zwar größer, aber durch Markus seiner Sprüche, eingeschüchtert worden. Sie waren nicht mehr so konzentriert wie zu Anfang. Nun kam der Lehrer mit der Erklärung, dass bei dieser Disziplin dreimal gesprungen werden darf und der weiteste Sprung gewertet wird. Alle Kinder nickten und es konnte losgehen.

Maik war der Erste der Springen durfte. Er stolperte und schaffte nur einen Meter. Markus fühlte sich jetzt überlegen und lachte. Danach sprang er (2,90 m) und sagte: „Siehste, so geht das." Die beiden Mädchen sprangen jeweils nur (2,50 m).

Beim zweiten Versuch, sprangen das Mädchen mit den blonden Zöpfen (2,60 m) und das andere Mädchen mit schwarzen Locken (2,70 m). Maik legte mit (3,00 m) nach. Markus war nun nicht mehr am Lachen, sondern sprang (2,95 m) und ärgerte sich. Maik ging zu den Mädchen hin und sagte zu ihnen: „Ich weiß, ihr könnt viel weiter springen. Habt keine Angst und gebt den Zuschauern eure beste Leistung. Die beiden Teilnehmerinnen schauten sich an, nickten und hatten wieder mehr Mut und Motivation.

Jetzt ging es um den letzten Versuch und das Mädchen, mit den schwarzen Locken legte vor mit (3,12 m). Markus staunte nicht schlecht und nahm nun richtig Kraft, damit er weiter springen konnte. Er war ganz erschöpft, als er auf dem Sand ankam. Der Lehrer berichtete ihm, dass er (3:10 m) geschafft hatte. Markus blieb die Luft weg. Maik schaffte (3:20 m) und danach das Mädchen, mit den blonden Zöpfen (3,15 m). Markus rastete nun richtig aus und brüllte, dass dies Schiebung sei. Er, der große Markus, darf nie auf dem letzten Platz sein. Danach war er traurig: „Besiegt von zwei Mädchen und einem sehr schwachen Jungen. Warum, warum, warum

nur?" „Na, weil du vielleicht ein Angeber bist.",
sagten die beiden Mädchen nun mutig. Markus
war zu erschöpft, darauf zu antworten und ging
schlurfend zu seiner Klasse.

Maik hingegen, beglückwünschte die beiden
freundlichen Mädchen, zu Platz zwei und drei. Er
bekam einen „High-Five" zu seinem erreichten
ersten Platz. Von seinen Freunden bekam er
ebenfalls noch Glückwünsche. „Ihr habt Recht,
ich bin manchmal ein Angeber. Ich habe gerade
gesehen, was mit Angebern passiert. Ich musste
selbst erfahren, wie es ist, unter einem zu leiden.
Verzeiht mir dafür.", entschuldigte sich Maik bei
seinen Freunden. Nun sah Scott seine Chance
gekommen zu fragen: „Nun sag ganz ehrlich.
Warum bist du seit dieser Schule so nett zu mir
und willst mein Freund sein?" Maik war nun ganz
emotional: „Konntest du dir das nicht denken? Ich
habe in der Grundschule die falschen Freunde
gehabt. Viel Mist haben wir gemacht. Nur durch
die Nachhilfe, wo mich meine Eltern hingeschickt
haben, schaffte ich die Noten zu bekommen, um
auf das Gymnasium zu gehen. Meine besten
Freunde haben sich nie bei mir gemeldet. Meine
Eltern zeigten mir, dass ich diesen Jungen nie als
Freund wichtig war, sondern immer nur als Maik
der „Klassenclown". Die ganzen Ferien war ich
traurig. Ich sollte mir nun, auf der neuen Schule
bessere Freunde suchen, sagten meine Eltern.
Als ich hörte, dass meine damaligen Freunde auf
die Hauptschule gingen, hatte ich den Beweis.
Ich wollte jetzt einen vernünftigen Freund und mir
fiel nur Scott ein. Als ich dann noch Esra sah,
hoffte ich, dass Scott mit seiner Intelligenz mir
hilft, das Mädchen kennenzulernen. Ich habe versucht, dich nicht als Freund zu verlieren. Du bist
mir wichtig geworden, ihr alle seid es. Ich möchte
nicht allein sein. Deswegen spiele ich auch oft

den „coolen" Typen. Aber ehrlich jetzt, der bin ich doch auch oder?"

Scott gab ihm einen „High-Five", danach Lisa, Susanne und Esra. Nun wusste Maik, er war ein Teil ihrer Gruppe und war sehr glücklich.

Aus dem Stadionsprecher rief die unbekannte Stimme: „Es folgt nun unsere letzte Disziplin, der 400 m Lauf." Susanne machte sich bereit und Magda kam auf sie zu: „Ich hoffe, du bist fairer, als deine Freundin. Unsere Sina hatte nämlich danach seelisch schwer zu kämpfen, wegen ihr." Nun standen Susanne viele Fragezeichen, über dem Kopf, denn sie wusste nicht, was Lisa wieder getan haben sollte. Sie hörte aber dem Mädchen, was Magda hieß, aufmerksam zu. Danach dachte sich Susanne: „Wenn es um Sport und Wettbewerb geht, ist Lisa ein ganz gemeines Mädchen. Bei normalen Dingen, ist sie ein Engel. Sie ist trotz der Fehler, immer noch meine Freundin." Sie antwortete dem Mädchen: „Jeder Mensch hat Fehler. Ich danke dir dafür, dass du es mir gesagt hast. Dieser Kampf läuft fair. Ich wünsche dir viel Glück." Magda erwiderte das Angebot, sich die Hand zu reichen und schlug ein. Dann gingen sie gemeinsam, zu ihren Startpositionen. Diesmal kämpften sie gegen zwei Jungen, die sehr sportlich aussahen.

Der Lehrer gab das Startsignal, aber die Sirene aus den Stadionlautsprechern war wichtiger und ließ den 400 m Lauf starten. Die beiden Jungen liefen sehr schnell und Magda und Susanne versuchten, in der Nähe zu bleiben. Sie rannten 100 m und der Abstand wurde kleiner. Nach 200 m wurde er wieder größer. Die beiden Jungen lachten und merkten, dass sie schneller, als die beiden Mädchen waren. Das änderte sich leider auch die letzten beiden 200 m nicht mehr. Der schwarzhaarige Junge, mit dem Namen Paulo lief

1:20 min. und der braunhaarige, lockige Sascha 1:22 min. Magda schaffte den dritten Platz mit 1:25 min. und die arme Susanne 1:30 min. Alle Kinder waren erschöpft.

Es wurde langsam dunkel im Stadion und die Flutlichter gingen plötzlich an. Die Preisverleihungen gingen los. Die Schüler bekamen ihre Medaillen verliehen und während sie ihnen umgehängt wurden, gab es einen tosenden Applaus, von der Zuschauertribüne und den Teilnehmern, der Sportspiele.

Die bekannten Schüler der Realschule Maser:

Sefra (Kugelstoßen)	= Silber
Tamara (Hochsprung)	= Gold
Sina (800 m Lauf)	= Gold
Magda (400 m Lauf=	= Bronze

Die bekannten Schüler des Gymnasium Herzanrat:

Esra (Kugelstoßen)	= Gold
Maik (Weitsprung)	= Gold
Scott (Hochsprung)	= Silber
Lisa (400 m Lauf)	= Silber

Am Ende der Sportspiele hatten das Gymnasium Herzanrat und die Realschule Maser, die gleiche Anzahl an Medaillen und auch den Sportpokal Premium gewonnen. Beide Schulen hatten dies noch nie erlebt. Das Ereignis, war einzigartig bei den Sportspielen. Die schöne, stolze Direktorin der Gesamtschule Estrakas, trat deswegen auf die Tribüne und begann mit ihrer Ansprache:

„Noch nie waren die Sportspiele so spannend, wie in diesem Jahr gewesen. Die Spannung geht weiter, denn wir haben dieses Jahr, zwei Sieger in einem Bezirk, die nun beide Pokale gewonnen haben. Jetzt wollen wir noch einmal die Spannung erhöhen und einfach das Schicksal entscheiden lassen. Ich werfe also eine Münze. Der Direktor der Realschule Maser hat Zahl gewählt."

Während die Münze durch die Luft flog, hielt das ganze Stadion die Luft an. Man hörte die Münze neben das Mikro aufschlagen. Die Direktorin der Gesamtschule und die beiden anderen Schuldirektoren beugten sich über die Münze. Keine Miene wurde dabei verzogen. Es wurde wieder ins Mikro geräuspert und eine weibliche Stimme tönte durch das Stadion:

„Gewonnen hat „Kopf. Somit bekommt das wunderbare Gymnasium Herzanrat zuerst, für ein halbes Jahr, die beiden Pokale überreicht. Danach bekommt das restliche halbe Jahr, die Realschule Maser die Pokale. Übergabe ist der 31. Januar."

Das ganze Stadion war ganz aus dem Häuschen und die Stimmen: „Yeah, Yeah,Yeah Herzanrat" waren noch sehr viele Minuten lang zu hören, während deren Direktor, mit seinem Jackett in der Luft wirbelte und sich sehr darüber freute. Der Direktor der Realschule klatschte Beifall und war auch Stolz auf die Leistung seiner Schüler.

„Ich weiß, ich habe heute schon viel gesprochen, möchte mich aber bei allen Schülern, Lehrer und Eltern bedanken. Ich wünsche Ihnen noch einen schönen Heimweg. Zum Schluss der Sportspiele, möchte ich Ihnen noch eine Überraschung mitgeben. LASST JETZT DAS GROSSE UND BUNTE FEUERWERK BEGINNEN."

Die Direktorin hielt einen Arm in die Luft und in ihrer Hand war eine Fernbedienung. Hinter ihr ertönte plötzlich, elektronische Musik und eine Riesenwelle von Feuerwerkskörpern fuhr in den Himmel. Es waren Figuren von verschiedenen Tieren, tollen Sportarten, einfachen Mustern und Schulsymbolen zu erkennen. Alle Gäste waren begeistert und applaudierten, bei einigen Figuren. Nach dem ganzen, großartigen und langen Schauspiel, wurden die Schüler wieder mit ihren Eltern zusammengeführt. Es standen auch jede Menge Busse bereit, wenn einige nicht mehr mit dem Auto fahren wollten oder gar keins hatten.
Alle Schüler waren müde und einige zeigten ihren Eltern stolz die Medaillen, die sie gewonnen hatten. Das Tolle an den Sportspielen war, dass diese Kinder, die mitgemacht hatten, eine Woche schulfrei hatten.

Nach der Woche gingen Maik, Scott, Lisa, Esra und Susanne ganz früh zur Schule und sahen in der Schulvitrine im Flur nach. Da standen sie im vollen Glanz, die beiden Sportspiel-Pokale. Alle waren begeistert und ließen ihre Gedanken wieder auf die anstrengenden Sportspiele der letzten Woche ruhen. Danach sagte Maik: „Wisst ihr, was uns diese Sportspiele bewiesen haben?" Esra, die nun wieder normal laufen konnte und neben ihm stand, rollte wieder mit den Augen und fragte: „Was denn, dass wir nun die Elite sind, als Schüler eines Gymnasiums?" „Wer redet denn so einen verblödeten Angeber-Mist? Nein, dass wir nun festgestellt haben, dass wir ein gutes Team sind und eine tolle Freundschaft haben.", meinte Maik. Esra nahm nun seine Hand in ihre und Scott und Susanne, taten es ihnen nach. Lisa schaute auf die beiden Pärchen und freute sich.

Sie sagte dann aber eilig: „Los wir müssen jetzt, sonst kommen wir zu spät zum Unterricht."

Sefra, Tamara und Sina schauten in die Vitrine, ihrer Realschule wo ein kleines Schild stand: „Demnächst könnt ihr hier die Pokale der Sportspiele betrachten. Wir bitten um ein halbes Jahr Geduld." Tamara sagte: „ Tja, wir hätten eine Medaille mehr gewinnen müssen und schon hätten wir, die Pokale nun bei uns stehen." Sina nahm ihre Freundin im Arm und sagte: „Ja bald haben wir die glänzenden Dinger sowieso hier stehen Ich bin euch dankbar, dass ihr mir damals so viel geholfen habt, beim Abnehmen." Sefra sagte darauf: „Freundschaft für immer und das feiern wir nach der Schule mit einem leckeren Milchshake. Einverstanden?" Beide Mädchen lachten und legten jede, einen Arm um Sefra und sagten im Chor: „Du bist ein Goldstück und hast immer die besten Ideen." Danach gingen die drei Freundinnen in den Unterricht.

ENDE

Fazit:

Lange wurde auf das Highlight die „Sportspiele" gewartet. Es war nicht nur ein Sportfest für die Schüler, wo sie ihre tollen sportlichen Leistungen zeigen konnten. Es gab auch Lernprozesse, wie manche mit dem Druck, der Angst oder unfairen Teilnehmern umgehen sollten. Freundschaft und Offenheit gegenüber anderen Schulen sind auch ein wichtiges Thema. Die Kinder lernten auch hier, die eigenen Probleme, ohne Erwachsene zu lösen. Auch finden manche Kinder heraus, dass sie selbstständig handeln können und weniger die Hilfe ihrer Eltern benötigen. Zusätzlich lernen die Schüler, dass sie selbst auf ihre Leistungen stolz sein können und nicht unbedingt, so sehr die Bestätigung anderer Menschen brauchen.

<u>Fragen zum Diskutieren:</u>

Wie fair fandest du selbst die beschriebenen Sportspiele, in dieser Geschichte?

Hast du auch solche Sportereignisse, an deiner eigenen Schule und was deine Erfahrungen machtest du?

Wie wichtig ist Freundschaft für dich?

Was hast du schon einmal gewonnen? Beschreibe.

Der schlaue Michael (Teil III)

„Heute ist es endlich soweit. Es ist alles vorbereitet und geplant. Das große Geheimnis kann
gelüftet werden.", dachte sich Michael, der vor
seinem Spiegel im Bad stand und seine Haare
kämmte. Danach setzte er seine Brille auf und
nahm die kleine graue Tasche. Er steckte sie in
seinem Rucksack und sagte seinem Eltern, die
in der Küche standen: „Auf Wiedersehen und viel
Spaß auf der Arbeit. Ich gehe jetzt zur Schule."
Danach verließ er das Haus.

Auf dem Schulweg begegnete er Fatma, die zwar
neben ihm ging, aber keinen Ton sagte. Nach ein
paar Minuten sagte sie zu ihm: „Du hast an dem
Getränkestand, für einige Kinder den Psychodoc,
bei den Sportspielen gespielt, habe ich gehört."
Michael lächelte sie an und sagte aber nichts.
Fatma redete weiter: „Hör mal, ich habe mal
meine Eltern wegen heiraten gefragt.." Michael
unterbrach sie: „Weißt du, wie mich ein Mädchen
genannt hat, als ich ihr eine Lösung für ihr
Problem nannte? „Schlauer Michael" sagte sie
und gab mir einen Kuss. Fatma erschrak: „Ein
fremdes Mädchen küsste dich einfach so?" „Ja,
auf die Wange, aber ja es war ein Kuss.", grinste
Michael. Fatma wurde Rot: „Warum lässt du so
was zu? Ich schlage das Mädchen. Wie heißt
sie?" Michael war ganz ruhig: „Hey beruhige dich.
Das Mädchen ist nicht auf unserer Schule und ich
sehe sie bestimmt nie wieder. Außerdem willst du
mich später, doch sowieso nicht heiraten." Fatma
verschränkte die Arme: „Ja, das stimmt." Sie war
trotzdem sauer.

An der Gesamtschule angekommen kam Sancho
angelaufen und sagte: „Wir haben ein großes
Problem und es betrifft die gesamte Klasse.
Unsere Klassenlehrerin Frau Ritter ist total sauer
auf uns alle. Keine Ahnung was sie hat, aber es

ist wohl dringend." Michael und Fatma gingen auf dem kürzesten Weg, in ihre Schulklasse. Die ganze Klasse war in 5 Minuten vollständig.

Frau Ritter kam mit rotem Kopf herein und sagte: „So wir machen heute eine kleine Quizstunde und prüfen somit euer Gedächtnis. Was haltet ihr davon? Ach ist mir total egal, wir machen es trotzdem. Erste Frage an Alle: „Was haben wir am Anfang des Schuljahres geplant?" Fatma meldete sich: „Eine Klassenkasse?" Frau Ritter lächelte böse: „Richtig, eine Klassenkasse. Was wollten wir denn nun, mit dieser Klassenkasse, anfangen? Samatha reckte die Hand: „Nun, wir wollten eine Reise planen, so glaube ich noch zu wissen." „Ganz genau und wir hatten sogar einen tollen Urlaubsort ausgesucht, oder? Wohin sollte es gehen, he?" Mustafa antwortete: „Ans Meer in die Türkei, der Ort ist mir entfallen." Frau Ritter sagte: „Ihr habt ein tolles Gedächtnis. Nach Side wollten wir fliegen. Hab sogar ein tolles Angebot gefunden. 3.200 € für unsere gesamte Klasse, für eine Woche. Toll oder nicht?" Die Klasse lachte und alle sagten: „Ja, super. Wann geht es denn los?" Frau Ritter wurde nun komisch: „Ich habe es, letztes Jahr direkt, für nächste Woche Montag gebucht. Bin ja eigentlich eine gute, verlässliche Lehrerin. Nun die nächste Frage: „Was habt ihr mir versprochen?" Keiner meldete sich. „Ich sage es euch, weil ihr es anscheinend vergessen habt. 100 € bis zur letzten Woche, im Lehrerzimmer abgeben. Wisst ihr, wer das getan hat, außer mir selbst? Unser Michael hier. Ja er, den ihr nur „Brille" nennt." Sie knallte ein Buch vor Wut auf dem Tisch und redete dann einfach weiter: „Ihr wollt schon so erwachsen sein, mit euren 10 oder 11 Jahren, aber ein kleines 9.jähriges Kind, ist zuverlässiger als ihr. Habt ihr jeder 100 € für mich, dann reisen wir nächste Woche und ich entschuldige mich für mein Auftreten." Niemand nickte und alle Schüler schauten betroffen zu Boden. „Gut, dann versuche ich nun, die Reise zu stornieren und hoffe ich bekomme ein wenig von dem Geld wieder, was ich für euch vorgelegt habe. Ich bin sehr, sehr enttäuscht von euch." Sie wollte gerade den Klassenraum verlassen, als Michael plötzlich aufstand und grinste: „Haben Sie das ehrlich gemeint, Frau Ritter, dass sie sich entschuldigen, wenn wir ihnen 3000 € für die Reise hinlegen?" Frau Ritter kam nun zurück und ihr Gesicht wurde sehr Rot: „Hast du im Lotto gewonnen oder wo soll das viele Geld plötzlich herkommen?" Michael blieb ruhig: „Versprechen Sie es nun oder nicht?" Sie wurde ruhiger: „Ja, ich verspreche es, aber warum grinst du so. Was ist dein Geheimnis?"

Michael öffnete seinen Rucksack, nahm die kleine Tasche heraus und sagte: „Hier 3.000 €, zählen sie ruhig nach." Die Lehrerin schwieg, nahm voller Zweifel die Tasche und setzte sich, an das Lehrerpult. Alle Schüler verfolgten nun mit Spannung, wie Frau Ritter die Tasche öffnete und die Scheine zählte. Der Haufen wurde immer größer und am Ende sagte sie voller Erstaunen: „3.000 €, ich glaube es einfach nicht." Sie stand auf und entschuldigte sich aufrichtig vor ihrer gesamten Klasse, für ihr schlechtes Verhalten und dem Wutausbruch. Sie schaute in erstaunte Gesichter und sagte: „Michael, ich glaube die Klasse weiß gar nicht, wie du plötzlich so viel Geld hast. Kannst du uns das erklären?" Sancho sagte. „Ja Brille, erkläre es uns."

Michael stand auf und sagte: „Ändern wir erst einmal meinen Spitznamen. Ich habe bei den Sportspielen von einem Mädchen, dem ich einen Tipp gab, einen tollen Wangenkuss bekommen. Schließlich sagte sie „schlauer Michael" zu mir." Sancho sagte: „Oh wird unsere Brille jetzt zum

Angeber?" Die Lehrerin ermahnte nun Sancho und Michael erzählte weiter: „Entscheide selbst, wie du mich nennst, wenn ich dir erzähle, woher die 3.000 € herkommen. Sie sind nämlich von euch selber. Eure Nachhilfe, die ihr bei mir bezahlen musstet und wo ich plötzlich für die Klasse zum „Raffzahn" wurde. Ja, ich wusste, dass ihr das Geld für die Reise vergesst und ich habe jedes Mal, Frau Ritter beruhigt. Sie glaubte bis heute nicht daran, dass Geld für die Reise wiederzubekommen. Ich habe immer das ganze Nachhilfegeld gespart. Ihr habt somit das gesamte Jahr, gratis Nachhilfe von mir erhalten. Nun können wir in den Urlaub fahren. Also was sagt ihr?" Die Klasse war sehr verwundert und fühlte sich ertappt. Die Freude auf die Reise war größer, als alles Andere und Sancho rief: „Du bist ab sofort unser „schlauer Michael". Ganz einfach. Ein angeberischer, aber trotzdem ein „schlauer Michael" für uns Alle." Die ganze Klasse war total begeistert, doch in den Urlaub fahren zu können und die Schüler lobten Michael, für die geniale Leistung. Nun konnte die letzte Unterrichtswoche starten und Michael wurde nun vollständig von seiner Klasse anerkannt. Sein neuer Spitzname „der schlaue Michael" wurde nun tatsächlich oft verwendet. Selbst im Urlaub wollte jeder Schüler mit Michael spielen. Fatma kam unsicher auf ihn zu. Michael sagte: „Ich möchte mich bei dir für den sehr gemeinen Trick entschuldigen, wo ich dir einen „Heiratsantrag" gemacht habe. Du warst einfach sehr neugierig und ich wollte das große Geheimnis noch nicht vorzeitig lüften." Fatma sagte: „Entschuldigung angenommen und jetzt komm ins Meer. Dort fängt die Klasse gerade an, Frau Ritter zu ärgern und das ohne eine Strafe zu bekommen. Das müssen wir doch ausnutzen, oder?" „Auf jeden Fall", antwortete Michael und beide rannten schnell zum Wasser, wo bereits die anderen Schüler lachten und Spaß hatten. Frau Ritter freute sich ebenfalls und lud danach alle ihre Schüler auf ein Eis ein. „Wie wohl die 6. Klasse wird.“, fragte Sancho.“ „Wie wohl, etwas schwerer als die 5. Klasse. Falls ihr aber danach wieder eine Klassenfahrt haben wollt, spart bitte vorher.“, meinte Frau Ritter. „Sonst muss uns Michael, wieder bezahlte Nachhilfe geben. Der Titel „oberschlauer Michael“ ist noch frei.“ erklärte Samantha. Michael schüttelte den Kopf und ging in Richtung Meer, wo gerade der Sonnenuntergang stattfand. Er badete kurz und setzte sich dann alleine auf den Sand. Er dachte nach, was ihm seine Eltern erzählten und er sollte selbst darüber entscheiden. Sie fiel ihm schwer und er hatte selbst noch keine Lösung. Er hörte seine Eltern sagen: „Auf dem Gymnasium ist ein Platz für die 6. Klasse frei. Möchtest du wechseln oder auf der Gesamtschule bleiben?“ Er hörte die Möwen kreischen und dachte nach: „Soll ich hier „der schlaue Michael“ bleiben oder doch zu dem Gymnasium wechseln, wo er nettes Mädchen gesehen hat, was „Lisa Neumann“ heißt. Man hatte ihm den Namen, damals bei den letzten Sportspielen, verraten. Er schaute auf das Meer hinaus und wollte die Entscheidung nach dem Urlaub fällen. „Jetzt erst einmal Urlaub machen.“

ENDE

Fazit:

Nun ist endlich das Geheimnis gelüftet und „der schlaue Michael“, hat endlich seine Anerkennung bekommen. Sein Charakter ist auch nun ganz klar. Michael hat ein gutes Herz und denkt mehr an seine Mitschüler, als an sich selbst. Er nutzt seine Intelligenz, um andere Kinder auf die richtigen Lösungen zu bringen. Außerdem möchte er zeigen, wie jedes Kind auch gute Noten in den wichtigen Schulfächern bekommen kann. Selbst die Lehrerin, die hier ein schlechtes Vorbild darstellt, kann Michael sogar beruhigen und einen schlechten Schultag, zu einem guten Schultag umwandeln. Somit hat die Klasse einen sehr schönen Urlaub bekommen, aber hoffentlich auch gelernt, selbstständiger zu werden. Die Geschichten können nun alle zu Ende sein oder auch fortgesetzt werden. Wir werden sehen, was die Zukunft bringt.

<u>Fragen zum Diskutieren:</u>

Statt „Brille" hat Michael nun einen neuen Spitznamen. Warum nennt ihn die Klasse nicht einfach nur Michael?

Warum ist Fatma so sauer, als Michael ihr von dem anderen Mädchen erzählt?

Wird Michael die Schule wechseln? Nenne Gründe?

Danksagung

Ich möchte mich hier ganz herzlich bei meiner Frau bedanken, die mir die Zeit freigehalten hat, dass ich dieses Buch schreiben konnte. Auch meinen Kindern möchte ich danken, dass sie mich, als Vater schätzen und lieben. Ich sehe das nicht für eine Selbstverständlichkeit .Für mich ist die Liebe zwischen den Menschen, das größte Geschenk Gottes. Man mag nun an Gott glauben oder nicht. Ich bin ziemlich sicher, da wo die Liebe ist, da ist auch Gott zu finden. Die Zeit ist kostbar und die sollten wir immer gut nutzen.

Ich bin daher sehr dankbar, dass ich dieses großartige Leben habe und auch die Idee bekam, dieses Buch zu schreiben.

Ich bin auch ein Mensch mit Fehlern, wie auch die ganzen, erfundenen Personen im Buch. Ich liebe meine Frau und Kinder sehr und möchte in der Zeit, die ich mit ihnen verbringe, viel Freude bereiten. Meine Eltern haben mir dieses Leben auch ermöglicht und bin ihnen, jeden Tag dafür dankbar, dass sie so viel Geduld mit mir als kleines Kind und nun, erwachsenen Mann haben. Ich liebe sie auch sehr. Ich wünsche dem, Leser oder der Leserin nun „Gottes Segen und eine erfolgreiche Zukunft".

Ausblick auf die Zukunft

Es wird in Zukunft ein zweites Buch über einen Teddy geben. Es wird ein Jugendroman sein, wo der Leser oder die Leserin einem Teddy auf Reisen folgt. Es werden nicht nur Reisen in andere Länder sein, sondern auch durch die Zeitgeschichte, mit immer wieder neuen tollen oder nicht so netten Menschen oder Familien. Teddy wird aber ein Geheimnis haben, was nur für die Kinder und nicht für die Erwachsenen gedacht ist. Hier lernen die Kinder nicht nur Etwas über die Geschichte, sondern über manche Kulturen kennen. Immer wenn man denkt, man weiß nun Alles, wird dann erneut über neue Erkenntnisse überrascht sein. Habt Geduld und ihr werdet es erfahren.

Euer Chris